BÚSSOLA PARENTAL

▲

COMO
ENCONTRAR
◄ SEU CAMINHO ►
PROFISSIONAL
NA PARENTALIDADE

▼

BÚSSOLA PARENTAL

COMO ENCONTRAR SEU CAMINHO PROFISSIONAL NA PARENTALIDADE

1ª Edição

2023

BÚSSOLA PARENTAL – COMO ENCONTRAR SEU CAMINHO PROFISSIONAL NA PARENTALIDADE
© 2023 DANIELA HOPPE
DIREÇÃO GERAL: EDUARDO FERRARI
COORDENAÇÃO EDITORIAL: GUILHERME SUCENA
CAPA, PROJETO GRÁFICO E DIAGRAMAÇÃO: ANDREIA VILLAR
REVISÃO ORTOGRÁFICA: GABRIELA KIMURA
IMAGENS: CANVA
FOTOGRAFIA: ACERVO PESSOAL

Dados Internacionais de Catalogação na Publicação (CIP)
(eDOC BRASIL, Belo Horizonte/MG)

H798b Hoppe, Daniela.
     Bússola parental / Daniela Hoppe. – São Paulo, SP: Literare Books International, 2023.
     364 p. : 14 x 21 cm

     ISBN 978-65-5922-732-7

     1. Parentalidade. 2. Educação parental. 3. Pais e filhos. I. Título.
                                                                CDD 649.1

Elaborado por Maurício Amormino Júnior – CRB6/2422

Esta obra é uma coedição EFeditores Conteúdo Ltda. e Literare Books International. Todos os direitos reservados. Não é permitida a reprodução total ou parcial desta obra, por quaisquer meios, sem a prévia autorização do autor.

EFeditores Conteúdo Ltda
Rua Dona Mariquita Julião, 146 | Fazenda Morumbi
05656-070 | São Paulo - S | (11) 3129-7601
www.efeditores.com.br
contato@efeditores.com.br

Literare Books International
Alameda dos Guatás, 102 | Vila da Saúde
04053-040 | São Paulo - SP | (11) 2659-0964
www.literarebooks.com.br
contato@literarebooks.com.br

Esta obra integra o selo "**Filhos Melhores para o Mundo**", iniciativa conjunta das editoras brasileiras EFeditores Conteúdo Ltda. e da Literare Books International.

Este livro segue as normas do Acordo Ortográfico da Língua Portuguesa.

1ª edição | Novembro de 2023 | São Paulo

Prined in Brazil | Impresso no Brasil

PREFÁCIO 10

APRESENTAÇÃO 13
DESVENDANDO A BÚSSOLA PARENTAL 15
POR QUE BÚSSOLA PARENTAL? 16
COMO EU CONSTRUÍ A BÚSSOLA PARENTAL? 18
O QUE É A BÚSSOLA PARENTAL? 22
COMO VOCÊ PODE UTILIZAR A BÚSSOLA PARENTAL? 24

O EMBARQUE 29
A PASSAGEM E O DIÁRIO DE BORDO 30

NORTE 33
NOÇÕES BÁSICAS DE POSICIONAMENTO E NEGÓCIOS EM EDUCAÇÃO PARENTAL 33
QUAL É O SEU PONTO DE PARTIDA? 35
QUE VIAJANTE VOCÊ É? 43
    QUEM SOU 43
    ONDE ESTÁ HOJE? 44
    ONDE ESTAVA ANTES E QUE CAMINHOS JÁ TRILHOU? 45
ONDE QUER CHEGAR? 46
    QUAL O SEU SONHO – VAMOS TIRÁ-LO DAS NUVENS? 46

O QUE VOCÊ ESTÁ DISPOSTO A FAZER PARA CHEGAR LÁ? 47
    AUTORRESPONSABILIDADE 48

QUE TIPO DE VIAGEM ESTÁ DISPOSTO A FAZER? 50
    NEGÓCIO E PROPÓSITO 50

COMO SE PREPARAR PARA OFERECER A VIAGEM PARA AS FAMÍLIAS? 54
    OS 3 PS DA PASSAGEM – POSICIONAMENTO, PRECIFICAÇÃO E PROSPECÇÃO 54
    POSICIONAMENTO ESTRATÉGICO – 4 ROTEIROS 55
    PRECIFICAÇÃO – NEGOCIANDO A PASSAGEM! 60
    PROSPECÇÃO – CONEXÃO COM POTENCIAIS PASSAGEIROS 62

SUL 69

SERVIÇOS, PRODUTOS E MODALIDADES DE ATENDIMENTO 69

O QUE LEVA EM SUA BAGAGEM? 71

QUAL TIPO DE PASSAPORTE PRECISA TER? 74

QUE TIPO DE VIAGENS PODE FAZER E OFERECER? 75

QUE VIAJANTES PODEM SER CONVIDADOS PARA SUAS VIAGENS? 88

PÚBLICOS E AMBIENTES DE ATUAÇÃO............. 88

COMO SABER SE TENHO A BAGAGEM ADEQUADA?... 90

DAS COMPETÊNCIAS NECESSÁRIAS PARA OFERECER SERVIÇOS E PRODUTOS EM EDUCAÇÃO PARENTAL............................ 90

RAIO-X DA BAGAGEM DE VIAJANTE DA EDUCAÇÃO PARENTAL PROFISSIONAL 92

O QUE SÃO COMPETÊNCIAS?........................ 92

QUAIS SÃO AS COMPETÊNCIAS NECESSÁRIAS PARA UM EDUCADOR PARENTAL? 95

O QUE VOCÊ ESTÁ LEVANDO NA MALA? QUAIS SÃO SEUS CONHECIMENTOS? 103

QUE PRECIOSIDADES TEM NA SUA MOCHILA? QUAIS SÃO SUAS HABILIDADES? 105

VOCÊ É UM VIAJANTE DE ATITUDE? QUAIS ATITUDES SÃO NECESSÁRIAS?............. 107

DECIDINDO UM DESTINO COM SUA RICA BAGAGEM?... 112

ESBOÇANDO UM PROJETO DE SERVIÇO OU PRODUTO... 112

LESTE 121

LINHAS DE REFERÊNCIAS TEÓRICO-PRÁTICAS E LIGAÇÕES ESTRATÉGICAS 121

COMO ESTÁ PERCORRENDO SUA VIAGEM PELA BÚSSOLA PARENTAL?...................................123

DE ONDE VEM OS ITENS DE SUA BAGAGEM? ...124
  AS ORIGENS DOS CONHECIMENTOS DA
  EDUCAÇÃO PARENTAL 124
QUE VIAGENS E VIAJANTES LHE INSPIRAM? ...127
  LINHAS DE REFERÊNCIA TEÓRICO-PRÁTICAS ...127
ÁREA DO CONHECIMENTO CENTRAL 130
ÁREAS DO CONHECIMENTO ASSOCIADAS 131
QUEM LEVARÁ VOCÊ PARA ESTA VIAGEM?.....136
  SOBRE AS ABORDAGENS E CAPACITAÇÃO EM
  EDUCAÇÃO PARENTAL 136
VIAJAR SOZINHA OU ACOMPANHADA? 165
  SOBRE LIGAÇÕES ESTRATÉGICAS 165

OESTE 179
**ORGANIZAÇÃO DIDÁTICO-METODOLÓGICA
DOS SERVIÇOS E ATENDIMENTOS** 181
  COMO ORGANIZAR E CONDUZIR A VIAGEM
  EM EDUCAÇÃO PARENTAL PROFISSIONAL?...... 181
AVISO AOS NAVEGANTES!............................. 181
**É POSSÍVEL TER UM MAPA PARA ORGANIZAR OS
ATENDIMENTOS EM EDUCAÇÃO PARENTAL?**...185
ENTÃO, DEVEMOS TER UM MAPA?..................187
  QUATRO PILARES DA UNESCO PARA
  A EDUCAÇÃO...187
CONHEÇA UM ROTEIRO JÁ PERCORRIDO! 190

CONCLUSÃO 199

O DESEMBARQUE – DA PRIMEIRA DE MUITAS EXPEDIÇÕES EXPLORATÓRIAS 199

O DESEMBARQUE! 200

AGRADECER.... 206

   QUEM CONTRIBUI COM MINHAS VIAGENS? 206

POR ONDE VIAJEI PARA CONSTRUIRO ROTEIRO DE EXPLORAÇÃODA BÚSSOLA PARENTAL? 216

   REFERÊNCIAS BIBLIOGRÁFICAS 216

PREFÁCIO

Ao longo de nossa jornada como mães e educadoras parentais, já conhecemos muitas pessoas e fizemos muitas formações, mas com toda certeza, conhecer a Dani Hoppe foi um divisor de águas para as nossas vidas! Lewis Carroll, ao escrever Alice no País das Maravilhas, tornou célebre a frase dita pelo Gato Cheshire à Alice: "Se você não sabe para onde ir, qualquer caminho serve" e por um tempo nos sentíamos assim, um tanto quanto "desbussoladas" (como a Dani costuma dizer), como se fôssemos viajantes que desembarcam em um aeroporto com muitas bagagens, mas sem saber ao certo qual caminho seguir.

A vida é feita de encontros e uma das coisas que nos move a prosseguir em nossa caminhada são os nossos valores, as nossas paixões e o nosso propósito. Sabíamos que precisávamos seguir viagem e ao conhecer Dani Hoppe, tivemos a certeza de que nada acontece por acaso e que não estaríamos mais sozinhas. Dani sempre costuma dizer que "educação é propiciar o aprendizado do outro" e ela de uma maneira muito especial usa essa energia de encorajamento para nos levar a ir em frente e realizar.

A Bússola Parental nos levou a acreditar na potencialidade de nossas bagagens e nos encorajou a desenhar o nosso próprio roteiro pessoal. Com a Dani, não só ficou mais consciente o nosso caminho, como também descobrimos um grupo de mulheres incríveis com as quais podemos navegar juntas e realizar muitas explorações!

Este livro transcende a mera aprendizagem de teorias e fundamentos; é uma fonte de inspiração que fortalece nossa missão, como Educadoras Parentais, de transformar vidas por meio de uma parentalidade consciente. Dani Hoppe já havia sido generosa ao compartilhar conosco, suas pupilas, seu conhecimento e vasta experiência com tanta excelência e generosidade. Sua didática ímpar e olhar empático, frente aos desafios da educação, não apenas nos ajuda a crescer, mas nos transforma profundamente e nos ajuda a levar essa transformação para outras pessoas. Agora, por meio desta obra, desejamos que ela possa compartilhar o seu vasto saber com o mundo!

Bianca Dias[1] e Priscila Alves[2]

---

[1] Bianca Dias é mãe da Sophia e do Heitor, professora há mais de 18 anos da rede Municipal, Estadual e em faculdades privadas com o foco de atuação em formação de professores e Educadora Parental certificada em Disciplina Positiva e Inteligência Emocional.

[2] Priscila Pascarelli Alves é mãe do Miguel, Bióloga, tem mais de 15 anos de experiência como coordenadora pedagógica, Educadora Parental certificada em Disciplina Positiva e coautora de dois livros sobre parentalidade.

APRESENTAÇÃO

DESVENDANDO A BÚSSOLA PARENTAL

Eu precisava de uma bússola
Alguma coisa assim pra me guiar
E o seu olhar brilhou na imensidão
Salvando meu coração
E o sol nasceu pra mim
Angústia teve fim (...)
Só preciso da bússola que me tirou do escuro
A bússola que gira... gira... gira
E sempre aponta pro futuro
E se eu for pro Sul mesmo que seja sem querer
Você me traz pro leste para ver o sol nascer

A Bússola - Luan Santana

DESVENDANDO A BÚSSOLA PARENTAL

Você gosta de viajar? Eu adoro!

Eu realmente gosto muito de viajar. Acredito que as viagens nos propiciam dois tipos de conhecimento: o conhecimento de novos lugares, povos, costumes e culturas diferentes; o autoconhecimento, pois frente às novas experiências que uma viagem nos proporciona, pode-se conhecer mais a nós mesmos, nossos gostos, nossos medos, nossos desgostos, nosso propósito; entramos em contato com nossas forças e fragilidades; realizamos nossos sonhos e durante o percurso corrigimos rotas de planos traçados antes de iniciar a viagem.

Acredito sinceramente, e também inspirada por estudos, pesquisas e experiências, que não existe o melhor destino, um único jeito de caminhar ou viajar. A vida contemporânea tem nos provado que também não existe um único caminho para viver e para ser feliz. Na educação se dá da mesma forma. Há diferentes maneiras de ver a educação, de praticar a educação, tanto a escolar, quanto a familiar e a social.

Minha viagem pela vida tem sido norteada pela seguinte pergunta: qual caminho vou escolher? Acreditando que não existe um único caminho, construí este livro e associo minha trajetória de vida e rota profissional usando a metáfora da viagem, que nos possibilita diferentes destinos e roteiros.

Voltando à pergunta: Você gosta de viajar? Espero, sinceramente, que você tenha respondido SIM porque fazer a escolha pela Educação Parental como profissão, é decidir fazer uma grande viagem; é navegar num oceano enorme, cheio de possibilidades, desafios e de rotas a construir, considerando que é um campo relativamente novo e sem muitos mapas para nos guiar. Isso, muitas vezes, nos deixa "desbussolados" ao mesmo tempo em que nos permite construir um jeito próprio de viajar, seguindo sim navegadores de outros roteiros – áreas afins – mas também imprimindo nosso jeito próprio de caminhar.

Isso serve tanto para quem está fazendo esta escolha a partir da transição de carreira, ou para quem está se reposicionando ou ampliando seu campo de atuação por já trabalhar com educação, desenvolvimento humano ou saúde. Serve também para quem está escolhendo pela primeira vez uma profissão.

POR QUE BÚSSOLA PARENTAL?

Um dos meus valores de vida é a liberdade. A liberdade de fazer escolhas. Para mim, liberdade é o direito de escolher com o que quero me comprometer. Acredito que na educação também é possível escolher entre os diferentes caminhos a trilhar. Com este olhar, criei e coordenei por onze anos uma escola chamada CAMINHOS, no qual tínhamos o protagonismo infantil e a relação de compartilhamento com as famílias numa constante viagem de construção de uma comunidade educativa. De certa forma uma busca utópica, mas que em muitos passos foram reais e satisfatórios.

Antes da decolagem, convido você a ler a Bússola Parental com olhar crítico, e multifocal, com consciência de dois pontos cruciais. O primeiro é que, aos pais, não devemos impor verdades e sim acolhê-los e encorajá-los para que sejam os pais que seus filhos precisam e merecem. O segundo é que ela se apresenta como um referencial e não como um protocolo, pois não há apenas um jeito de caminhar, seja na viagem da vida ou na profissional.

COM A BÚSSOLA, a minha intenção é que você possa **CRIAR SEUS MAPAS, TRAÇAR SUAS ROTAS, ENTRAR EM AÇÃO** para navegar pelos mares da Educação Parental profissional.

Seguindo a metáfora, aceite o convite para ser EDUCADOR PARENTAL, a *agulha magnética* que atrai os pais para os caminhos de uma parentalidade respeitosa com elos familiares fortalecidos, a partir do autoconhecimento e de relações interpessoais com apego seguro e conexões afetivas.

COMO EU CONSTRUÍ A BÚSSOLA PARENTAL?

A Bússola Parental é o resultado de uma construção de mais de 30 anos de estudo e experiência como educadora, capacitadora de profissionais em educação e de pesquisadora em educação e políticas públicas de inclusão social. Sem sombra de dúvidas, a maternidade também contribuiu muito para que eu me encorajasse a compartilhar meus conhecimentos com outros profissionais. Ao longo do livro, eu conto como tem sido esta viagem que me trouxe até aqui.

Porém, para entender sobre como a Bússola Parental surgiu, há paradas em portos específicos desta navegação que eu preciso destacar. Há aproximadamente 7 anos, pelos anos 2016 e 2017, eu comecei a participar de movimentos, grupos, cursos, formações de Educação Parental e, como sempre fui muito participativa, relatava algumas experiências nas quais havia tido muito aprendizado, seja pelos erros ou pelos acertos na condução. Minhas colegas de curso começaram a me procurar pedindo dicas. Assim eu comecei a compartilhar meus conhecimentos com elas.

Esta experiência se dava por conta das mais de dez mil horas de atendimento a pais, como professora, coordenadora pedagógica, gestora escolar e consultora educacional.

Mais precisamente, no mínimo, onze mil seiscentos e oitenta horas de atendimento direto a pais, mães ou responsáveis por estudantes. Na etapa de fechamento do livro, o editor Guilherme me questionou se eu estava fazendo uma referência ao estudo de caso ilustrado no livro Fora de Série, de Malcolm Gladwell. Embora tivesse lido o referido livro, não lembrava desta passagem que vem muito a calhar. Mais que isso, reforça o que acredito e o que veio a ocorrer depois dos meus primeiros movimentos como mentora: me realizar como mentora profissional! Não por eu ter "um talento natural" no trabalho com pais e mães, ao contrário, no início tive situações desastrosas! O fato é que eu estou entre as estatísticas que foram mencionadas por Gladwell em seu livro, ao citar pesquisas que comprovaram que:

> *A excelência em uma tarefa complexa requer um nível de prática mínimo e está sempre ressurgindo em estudos de expertise. Na realidade, os pesquisadores chegaram ao que acreditam ser o número mágico para a verdadeira excelência: 10 mil horas.* (Gladwell, 2008)

Confesso que eu não tinha ideia da dimensão que isso teria. Então eu comecei a receber vários depoimentos sobre o impacto positivo de minhas contribuições. Colegas dizendo que, finalmente, estavam tendo coragem de entrar em ação; outras dizendo que eu havia traduzido para uma linguagem simples tudo aquilo que ela havia estudado e ainda assim, considerava que sabia muito pouco. Muitas destas, pessoas hoje são minhas amigas e parceiras de projetos.

Perceber que eu estava proporcionando para as pessoas que confiaram no meu trabalho, uma transformação REAL em suas vidas foi muito impactante em mim. Ter o reconhecimento por algo que é um valor para mim – a EDUCAÇÃO – foi e tem sido gratificante e motivador. Mas confesso que me intrigaram os relatos de que a minha dica era tão simples que nem parecia que funcionaria, pois elas estavam conseguindo aprender de forma rápida e efetiva.

Foi aí que, numa destas viagens pelo mundo das formações, uma colega muito especial me fez lembrar de uma palavra mágica, ou seja, uma palavra que estava no meu DNA como educadora: didática. Sim, esta palavra é muito usada quando falamos em processos de ensino e aprendizagem. Carmem Dutra, minha colega e incentivadora para sistematizar minha primeira turma de mentoria, me disse um dia: *Dani, o seu diferencial é a didática. Você consegue articular todos estes conhecimentos que estamos aprendendo nas certificações para transformar em ação.* Esta fala me trouxe muitos flashbacks da minha trajetória pessoal e profissional. Óbvio! Por isso as pessoas falam que eu simplifico.

Eu trabalhei muitos anos sendo esta ponte para profissionais. São as dez mil horas do passado impactando em meu presente.

Atualmente eu coordeno uma comunidade profissional bem coesa com 20 profissionais que praticam em cooperação o encorajamento mútuo para ninguém parar no meio do caminho. Estamos todas juntas no mesmo barco, nos encorajando e encorajando famílias. Vou falar mais sobre isso quando viajarmos para o LESTE, no capítulo 3.

Nos últimos 3 anos, já atendi 580 famílias em grupos de workshop presencial e mais de 350 em workshops online. Já atendi dezenas de crianças e adolescentes como coach para desenvolvimento de hábitos de estudos. Dezenas de famílias em mentoria parental.

Tenho aprendido muito nos últimos anos como mentora de dezenas de educadoras parentais em grupo e em consultoria particular. Algumas destas educadoras parentais tinham currículo acadêmico mais robusto que o meu e não estavam dando sua contribuição para as famílias por se sentirem inseguras; por não acreditarem que seus conhecimentos e suas habilidades eram suficientes para tomar a atitude de entrar em ação. No capítulo 2, quando iremos para o SUL, você será convidado(a) a percorrer a rota feita pelas minhas queridas mentorandas para se conectar com seus saberes e ter mais clareza ou ampliar os possíveis roteiros de atuação, descobrindo os serviços e produtos que você pode oferecer com sua trajetória.

O QUE É A BÚSSOLA PARENTAL?

A bússola é um instrumento usado para localização e orientação espacial, baseada em propriedades do magnetismo tanto dos materiais ferromagnéticos, quanto do campo magnético terrestre. As bússolas não indicam para onde ir, como hoje os GPSs nos apontam. Elas apontam para o NORTE e, a partir dele, podemos decidir nosso destino, traçar nosso caminho, planejar nosso ritmo, escolher o que levaremos em nossa mochila para que nossa trajetória seja bem-sucedida.

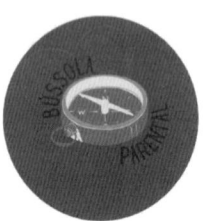

A BÚSSOLA PARENTAL que ofereço a você, a partir de meus estudos, de minhas experiências e das aprendizagens de mais de trinta anos na educação, visa contribuir com a sua jornada na Educação Parental.

Eu ofereço a bússola, mostro a você o NORTE do trabalho em Educação Parental e você escolhe seus caminhos. Desejo que esta leitura contribua para elevar a sua carreira de educador parental para outro nível, porque você terá mais segurança para se posicionar, oferecer, vender, organizar e executar os seus serviços e atendimentos.

Ao abrir a Bússola Parental, você vai conhecer os 4 pontos fundamentais para você ter segurança em se posicionar e comunicar com clareza as seguintes perguntas:

QUEM É?

POR QUE FAZ?

PARA QUE FAZ?

O QUE FAZ E COMO FAZ seu trabalho como EDUCADOR OU EDUCADORA PARENTAL?

Com a Bússola Parental você aprenderá, de fato, a colocar em prática os passos que determinam o posicionamento profissional, técnico e relacional de um Educador Parental seguro. Aqui convém fazer uma observação: segurança não significa certeza! Segurança para mim é estar disposta a enfrentar as incertezas, os desafios e medos para, com coragem, viver o seu propósito.

Ao abrir a Bússola Parental, você terá a possibilidade de dar a volta no mundo da Educação Parental. Para você traçar o mapa do seu caminho e entrar em ação pelos mares da Educação Parental, essa jornada será organizada pelos 4 pontos cardeais: NORTE, SUL, LESTE E OESTE:

No capítulo 1 – NORTE – apresentarei as noções básicas de posicionamento profissional e negócios em Educação Parental e você também conhecerá como desenvolver seu processo de prospecção e captação de clientes.

Ao ler o capítulo 2 – SUL - você identificará os serviços e produtos que poderá oferecer além das modalidades de atendimento a partir dos seus conhecimentos e habilidades.

No capítulo 3 – LESTE – vamos visitar as principais linhas teórico-práticas que são referência e inspiração para a Educação Parental; também abordaremos as profícuas ligações com profissionais de outras áreas de conhecimento e atuação.

Já em nossa viagem pelo capítulo 4 – OESTE – no qual encerraremos a exploração da Bússola Parental, lhe oferecerei pistas e indicadores, através de minha expertise em teorias de aprendizagem e em didática, para você organizar e estruturar seu trabalho, com consistência, otimização e clareza.

COMO VOCÊ PODE UTILIZAR A BÚSSOLA PARENTAL?

Para saber como usar a bússola, primeiro você precisa escolher como prefere viajar: de avião, carro, ônibus, trem, barco? Ao escolher seu transporte, sua viagem de exploração da

Bússola Parental pode ser rápida, como um voo de jato, ou lenta, curtindo cada paisagem pela janela do trem, por exemplo. Você pode decidir ler todos os capítulos do início ao fim, numa linha retilínea, sem escalas. Ou você pode começar pelo tema que mais sente necessidade de conhecer. Você decide!

A neurociência comprova que o processamento mental de novos conhecimentos se dá a partir do *input* (entrada) por diferentes canais, especialmente auditivo, visual, cinestésico. Com a neurociência comprova-se hoje que que cada pessoa tem uma preferência ou predominância para aprender melhor. Para contemplar todos os estilos, a Bússola Parental contempla textos para ler e abstrair ideias, imagens para visualização e também exercícios para autorreflexão e, especialmente, para tomada de decisões.

Uma grande viagem se faz em etapas, e o caminho é tão importante quanto o destino final, a exemplo de *Ítaca*, poema de Konstantinos Kaváfis. Então curta cada etapa desta jornada com presença plena, concentrado no aqui e agora e aproveite sua bússola da melhor maneira possível.

Ao longo da exploração da Bússola Parental, você poderá ir projetando seu plano de voo futuro, construindo roteiros, definindo metas. Ao final, você terá seu **Diário de Bordo** e sua rosa dos ventos com os quatro pontos cardeais percorridos. Ao circundar os 360° de sua Bússola, você terá os recursos internos e acesso aos recursos externos necessários para se colocar em movimento, seja você caminhante iniciante, peregrino estagnado porque se sentia desbussolado ou viajante descolado que vai voar ainda mais longe ao conhecer a Bússola Parental.

Que bons ventos lhe conduzam!

DANI HOPPE de Moraes Garcia

O EMBARQUE

A PASSAGEM E O DIÁRIO DE BORDO

A PASSAGEM E O DIÁRIO DE BORDO

O diário de bordo é uma coletânea de registros dos acontecimentos mais relevantes de uma viagem. Ele é usado desde os primórdios da navegação, como manuscrito, e servia de instrumento de orientação para os navegantes em suas expedições e também servia de referência para os próximos viajantes.

Ainda hoje os diários de bordo estão presentes nas viagens, porém, com a evolução da tecnologia, são registrados de maneira digital e por equipamentos eletrônicos. Além das navegações marítimas e aéreas, os diários de bordo também são usados em viagens terrestres assim como para registrar outras jornadas como, por exemplo, de estudo, de leitura e de vida. Nos diários de bordo são eternizados fatos, descobertas, questionamentos, imagens, locais e momentos marcantes.

Então, meu convite é que você escreva seu Diário de Bordo enquanto explora a Bússola Parental, registrando os exercícios propostos, seus *insights* e as informações que julgar pertinentes durante a leitura.

Para isso, vamos usar um modelo misto de diário: digital e manuscrito. Escaneie o código QR com a câmera do seu celular e acesse seu **Diário de Bordo** para ir registrando suas aventuras ao longo da viagem.

NORTE

**NOÇÕES BÁSICAS DE POSICIONAMENTO
E NEGÓCIOS EM EDUCAÇÃO PARENTAL**

O deserto que atravessei
Ninguém me viu passar
Estranha e só
Nem pude ver
Que o céu é maior
Tentei dizer
Mas vi você
Tão longe de chegar
Mais perto de algum lugar

Zélia Duncan

QUAL É O SEU PONTO DE PARTIDA?

Você consegue localizar com facilidade os pontos cardeais?

Lembra daquela atividade escolar em que ficávamos em pé com o braço direito apontando para o ponto onde "nasce" o sol?

Mesmo fazendo aquelas atividades nas aulas de geografia, muitas pessoas não sabem aplicar aqueles conhecimentos para se localizar, não é verdade? Ficam *"desbussolados"*.

Antigamente, a maior causa de ficarmos perdidos era a de não termos acesso a instrumentos que auxiliassem na nossa localização. Atualmente, com a velocidade do avanço tecnológico, o acesso às ferramentas de localização e também aos meios de informação e de comunicação cresceu exponencialmente. Embora, por um lado, isso nos permita ter mais acesso ao conhecimento, por outro lado temos acesso a tantas informações que na vida contemporânea nossa relação com os saberes passou a ser de consumo. Começamos a consumir constantemente novas descobertas, sem o tempo adequado para a reflexão e a conferência da validade e relevância destes novos saberes para nossa vida.

Nesta analogia às viagens, percebo que é como se estivéssemos viajando por diferentes lugares numa viagem de trem-bala, sem desembarcar em cada estação para conhecer o lugarejo, ver suas peculiaridades, analisar com o que nos identificamos. Numa viagem assim, o que conta é por quantos lugares passei, especialmente os mais famosos; em quanto tempo: bati o recorde do maior número de lugares em menor intervalo de tempo? Nesse tipo de viagem, ficariam às margens da relevância os vilarejos históricos que visitei, o que vi, os sabores que degustei, os aromas que senti, as vivências que experimentei lá e, essencialmente, o que teria aprendido com essa experiência.

Carrego nas minhas memórias de viagem a seguinte frase: *"Durante uma viagem o principal cartão-postal é aquele que fica na retina!"* Frase esta que aprendi com a saudosa tia Regina, uma educadora maravilhosa que fez parte de minha rede de apoio materno, tendo sido a avó do coração do meu filho. Ou seja, ao longo de um percurso, seja de viagem, de passeio, de trabalho, de estudo, precisamos estar presentes, observando o que vamos absorvendo, pensando, sentindo cada experiência e o que vamos decidir fazer com o que trouxemos em nossa bagagem – física e simbólica. Isso tudo vai depender de algo que vem antes de iniciarmos a jornada, de algo que decidimos antes de sair: qual é o meu propósito nesta aventura?

Hoje a bússola está praticamente obsoleta. Os instrumentos tecnológicos atuais de localização e as redes sociais, especialmente, quase que literalmente nos dizem para onde ir, como ir, sem tampouco precisarmos decidir. Apenas seguimos o fluxo! Neste sentido, a professora Nádia Laguárdia, do Departamento de Psicologia da Faculdade de Filosofia e de Ciências humanas da UFMG, Universidade Federal de Minas Gerais, afirma que:

> *"O que vemos é uma lógica que não oferece muito espaço para a criatividade, mas que valoriza a veiculação de imagens e pensamentos padronizados...*
>
> *A internet tanto pode servir ao apagamento das diferenças individuais, padronizando discursos, imagens e significados, quanto pode servir às manifestações singulares e criativas, favorecendo a reflexão crítica e o laço social. Infelizmente, minha pesquisa nas redes sociais com adolescentes apontou para o predomínio da primeira situação".* (2022)

Embora a pesquisadora Laguárdia foque seus estudos nos jovens, também podemos ver este fenômeno acontecer no universo da profissionalização do Educador Parental. E neste contexto se apresenta um terreno fértil para o surgimento de um grande desafio ou dificuldade que foi uma das maiores dificuldades que eu encontrei e que muitos educadores parentais encontram: saber qual o seu NORTE!

Encontrar o seu NORTE compreende se posicionar profissionalmente, oferecer seus serviços com referenciais teórico-prático profundamente apreendidos, captar clientes e prestar serviços de maneira ética e profissional, com autonomia e segurança.

A Educação Parental é uma profissão nova no Brasil. No exato momento em que abro essa Bússola, o Educador Parental ainda não tem um CBO – código brasileiro de ocupação; não tem uma lei que regulamenta a profissão, com códigos de ética bem como órgãos representativos. Entretanto, isso não é um problema ou situação que a desabone ou desqualifique. Muito pelo contrário, a Educação Parental brasileira com este nome partiu do seu MARCO ZERO no 1º Congresso Internacional de Educação Parental, em novembro de 2020. Estamos no início da caminhada, caminho este já trilhado por profissionais de muitas áreas.

Muitos profissionais da Educação Parental ainda são inexperientes em atendimentos assim como na venda deste serviço. Raros são os profissionais que não passaram pela situação de, ao dizer que é Educador Parental, ser questionado:

Educador do que? Educador Parental faz o quê? Isso é tipo Psicólogo?

Estas situações, e o fato de estarmos numa área nova e de sermos inexperientes, sem dúvida, podem tornar nosso trajeto tão árido, frio e distante como é o polo NORTE. Para nos aproximarmos de nosso propósito, sem sabermos por onde ir, acabamos tentando repetir os caminhos trilhados por algumas pessoas que já são consideradas referência na área, esquecendo-nos que aquela pessoa pode ser minha inspiração, porém é uma viajante diferente de mim e única, assim como cada um de nós. Faz-se necessário então encontrar o meu Norte.

Talvez você seja daqueles educadores viajantes que adquiriram todas as certificações do mercado e também todos os cursos de estratégias de marketing e, ainda assim, encontra-se *"desbussolado"*.

Vamos verificar isso? Leia as frases abaixo:

1. "Sou professora, mas não sei trabalhar com pais, eles são difíceis, resistentes".

2. "Sou apaixonada pela educação parental, mas como não sou da área acho que os pais não vão confiar em mim."

3. "Fiz formação em educação parental, mas ainda não sei o suficiente para ensinar."

4. "Sou psicóloga infantil, sei que só o meu trabalho com as crianças não soluciona os problemas. Fiz formação em educação parental, mas não sei como conduzir os atendimentos com os pais diferente da orientação terapêutica."

5. "Estou cansada, já estudei, fiz todas as certificações, investi na minha rede social, bati nas portas das escolas e ainda não monetizei!"

6. "Será que isso é para mim? Gosto da área, sei que posso contribuir, mas só vejo mulheres neste campo!"

Você se sentiu representado(a) por alguma destas falas? Estas são falas reais de alguns Educadores Parentais, quando iniciaram a mentoria comigo para encontrar o seu Norte. Você se identificou com alguma fala? Acredito que algumas não, pois já estão satisfeitas com sua atuação profissional e estão abrindo a Bússola Parental para acrescentar algum ponto turístico diferente na sua viagem. Tenho certeza, porém, que muitos se identificaram, sim.

Talvez você seja uma professora ou professor, tenha muitos conhecimentos na área de educação e sinta insegurança ao abordar com os pais ou até mesmo em fazê-los entender a importância do seu trabalho. Se você é da área da educação, você já tem alguns conhecimentos e experiências importantes sim e, ao mesmo tempo, riscos de trazer alguns vícios escolásticos. Permita-se ser principiante. Confesso que por muito tempo como educadora escolar tinha a tendência a ter uma postura julgadora em relação aos pais. Como professora, acreditava ter o direito e o dever de orientar os pais sobre o que deveriam fazer e também inferia que determinados comportamentos dos meus alunos estavam relacionados à certa atitude dos pais. Acredito, sinceramente, que este é um cuidado importante a se ter, inclusive para não criarmos barreiras.

Você pode ter se identificado com o segundo relato, tendo se apaixonado pela Educação Parental, estando em transição de carreira e por não ser da área, acreditar que não terá a credibilidade dos pais. Talvez tenha até vergonha de dizer que é graduado(a) em engenharia ou administração: *O que isso teria a ver? Nem vou comentar! Podem pensar que não sei o que quero!* Pois saiba que sua trajetória de vida deve ser honrada e revisitada para entender que dela há aprendizagens significativas que podem contribuir, e muito, com sua profissão. Por exemplo, uma mentorada que era engenheira relatou que conseguiu se conectar com um pai também da área das exatas, e também cético para alguns pontos, e isso fez com que ela se sentisse mais encorajada, inclusive a fazer um workshop sobre o tema para auxiliar outros colegas no atendimento a pais mais céticos.

Ainda em relação ao segundo relato, tenho acompanhado muitas mulheres que conheceram a Educação Parental depois que se tornaram mães. Estas mulheres mães, ao buscarem conhecimentos para lidar com os desafios da maternidade ou para aprender a ser uma mãe melhor, muitas se encantaram e decidiram assumir a parentalidade como profissão. Por experiência própria, confesso que a maternidade também contribuiu muito para eu me reposicionar na educação e decidir focar na Educação Parental, embora eu já trabalhasse no atendimento a pais em escolas.

Sem dúvida alguma, as nossas histórias pessoais e as crenças que vamos construindo ao longo da nossa vida contribuem para que fiquemos na mesma estação, apenas assistindo outras pessoas decolando ou zarpando em busca da realização dos seus sonhos. Ter medo, procrastinar, não reconhecer nossas capacidades e fazer inúmeros questionamentos limitadores fazem parte, sim. Eu mesma já tive estes questionamentos em muitos momentos.

E o que fazemos? Desistimos?

Jamais! Ao desanimar ou cansar, descanse e, depois recomece, refletindo sobre o que te impede de viver seu propósito.

Nesta viagem ao Norte, para alguns uma viagem de começo e para outros de recomeço, apresento a você, com uma didática própria e simples, as noções básicas de posicionamento e oferta de serviços experimentados por mim, uma não estrategista em marketing, para ofertar meus serviços. As estratégias dos grandes *players* do marketing digital parecem tão difíceis e tão distantes para as novas e "pequenas" empreendedoras da parentalidade.

Eu já fiz muitos investimentos nada *baratos* na área de marketing. Aprendi muito, mas como pensava que o que eu sabia não era o suficiente, acabava procrastinando, repetia cursos e cursos, até que vi que estava vendo mais do mesmo.

Estou abrindo a minha bússola, trazendo para você, com muito carinho, os aprendizados dos meus acertos, erros e correções de rota. Ao descobrir o seu NORTE, ou seja, onde está e aonde quer chegar, qualquer caminho que você escolher, porque faz sentido para você e somente para você, estará ao seu alcance!

QUE VIAJANTE VOCÊ É?

Para fazer uma viagem, precisamos de algumas informações importantes! Concorda? Vamos a elas. Dedique alguns minutos de concentração para refletir sobre as seguintes perguntas:

QUEM SOU

Qual é o meu perfil de viajante? Gosto de aventuras? Gosto mais da calmaria? Gosto de surpresas no caminho? Gosto de previsibilidade? Estou disposto (a) a provar novos sabores e ter novas experiências?

Dedique 10 minutos para escrever sua história (Diário de Bordo). Escreva um texto em que você conta como foi sua infância, como era a relação com seus familiares, sua vida escolar, o que estudou, o que aprendeu, onde viveu, trabalhou, que profissão escolheu, o que lhe fez chegar até aqui.

PASSAPORTE
DADOS DO VIAJANTE

NOME
DATA DE NASCIMENTO
OUTRAS INFORMAÇÕES

ONDE ESTÁ HOJE?

Que coisas eu sei para iniciar a viagem? O que já sei fazer? O que sei que tenho que levar em minha bagagem? Se eu perguntasse para alguém muito próximo sobre o meu trabalho, o que esta pessoa diria? Qual a minha relação com esta pessoa?

ONDE ESTAVA ANTES E QUE CAMINHOS JÁ TRILHOU?

A melhor coisa seria contar a infância (a vida) não como um filme em que a vida acontece no tempo, uma coisa depois da outra, na ordem certa, sendo essa conexão que lhe dá sentido, princípio, meio e fim, mas como um álbum de retratos, cada um completo em si mesmo, cada um contendo o sentido inteiro. Talvez seja esse o jeito de se escrever sobre a alma em cuja memória se encontram as coisas eternas, que permanecem... Rubem Alves

Esta é uma informação importantíssima para começar qualquer roteiro de viagem. Suas experiências prévias na vida pessoal, na vida estudantil, na vida familiar como filho, filha, mãe ou avó, avô ou pai, são importantes porque através destes percursos você chegou onde está. Sua experiência profissional também é importante. *Stop!!!!!* Para quem está dizendo ou pensando "mas eu era de uma área nada a ver!" "eu não era da educação ou da saúde, será que tem relevância?". No capítulo 2, quando viajarmos para o SUL, você verá que tem relevância sim. Muito mais relevância do que você está presumindo.

Se você é um viajante iniciante na área da educação parental, talvez lhe ajude estas perguntas, ainda: quais são minhas experiências anteriores? Que percalços já enfrentei ou tenho enfrentado em minhas tentativas de viajar na parentalidade profissionalmente?

Para definir seu mapa, extraia os principais acontecimentos de sua vida, registrados no seu mapa.

ONDE QUER CHEGAR?

QUAL O SEU SONHO – VAMOS TIRÁ-LO DAS NUVENS?

Tire o sonho das nuvens e registre-os no papel, porque mesmo numa viagem de avião ou no ônibus espacial do *Elon Musk* não conseguiremos tocar nas nuvens. Como seria bom ficar lá, não é? É macio, confortável, fofinho, irretocável! Mas estes não são sonhos realizáveis! São sonhos, imaginação, idealização! Seus sonhos não estão mortos. Estão apenas no lugar do sonho. O lugar dos sonhos é um lugar perfeito, confortável, pois não gera autorresponsabilidade.

Vamos torná-lo objetivo e realizável. Venha comigo.

Permita-se afirmar onde quer chegar? Como quer ser reconhecida profissionalmente? Registre imagens que representam o que você quer alcançar como cartões-postais.

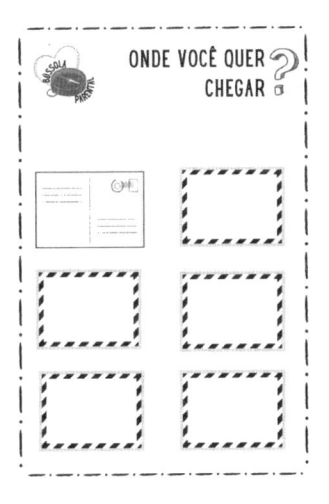

O QUE VOCÊ ESTÁ DISPOSTO A FAZER PARA CHEGAR LÁ?

O que está disposto a fazer para chegar ao lugar do sonho, no lugar que você respondeu na terceira pergunta? Seguindo a analogia da nossa carreira profissional como uma viagem: imagine que você decide viajar para a África para fazer um safári. Ao receber as orientações de seu guia de turismo, você recebe várias listas: daquilo que deverá levar; do que terá que descartar da mala e que você estava acostumado a usar; de um novo hábito a adotar, como dormir em tenda, por exemplo; de aprimorar sua resistência física. Imagine-se analisando esta lista e colocando na balança o seu sonho da viagem e o que deverá estar disposto a fazer ou vivenciar para realizar a tão sonhada viagem.

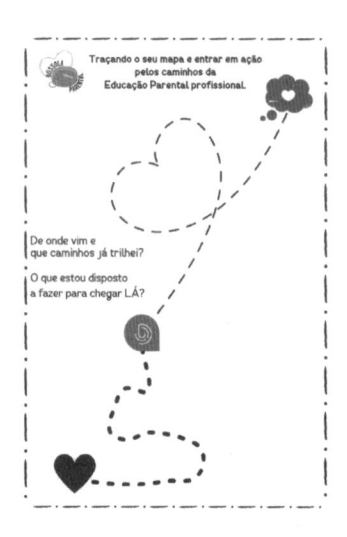

>   Traçando o seu mapa e entrar em ação pelos caminhos da Educação Parental profissional.
>
>   De onde vim e que caminhos já trilhei?
>   O que estou disposto a fazer para chegar LÁ?

Aqui estamos falando de uma palavra grande e de grande importância:

AUTORRESPONSABILIDADE

Autorresponsabilidade é assumir fazer aquilo que precisa ser feito e que ninguém poderá fazer por você. Então, imagine o quadro abaixo como os compartimentos de sua bagagem de viagem. Imagine o que você, de fato, precisa e quer levar em sua viagem. Observe, reflita e DECIDA a respeito das justificativas que você dá para ficar onde está, dos hábitos positivos e negativos que você adota, das ações que você tem consciência que precisa fazer, mas permite que a procrastinação lidere.

Com base em tudo que você entendeu, experimentou, aprendeu, modificou até aqui, quais COMPORTAMENTOS, AÇÕES, MANEIRAS DE AGIR, você VAI...	
MANTER porque é bom para SEU TRABALHO, traz resultados e ajuda em seu PROPÓSITO DE VIDA?	DESCARTAR porque não dá certo mais para você, não traz resultados positivos e prejudica a busca de seus objetivos?
CRIAR porque é bom para você e ajudará na busca de seus objetivos e de seu propósito de vida?	APRIMORAR porque os resultados obtidos evidenciam que pode ficar ainda melhor?

Se você abriu a bússola até aqui, provavelmente já percebeu que, ao mesmo tempo em que lhe trago informações importantes para seguir em sua carreira, também lhe proponho abrir a sua bússola pessoal de autoconhecimento.

Então, reflita e registre: que descobertas você fez com este exercício?

Faça seus registros no livro ou no seu Diário de Bordo. Caso ainda não o tenha acessado, escaneie o QR Code ao lado:

QUE TIPO DE VIAGEM ESTÁ DISPOSTO A FAZER?

NEGÓCIO E PROPÓSITO

> *Sua carreira, suas finanças, sua reputação, sua vida afetiva, até o destino de seus filhos como um passo de mágica. tudo isso depende da sua capacidade de negociar.* Chris Voss

Esta é uma fase bastante importante da nossa viagem de exploração da Bússola Parental. O momento em que precisamos encarar o fato de que decidimos investir na Educação Parental profissionalmente e, portanto, manter o equilíbrio entre o propósito e o negócio. Propósito de contribuir com a educação de crianças e adolescentes, a partir do trabalho com os pais e negócio como a atividade da qual monetizamos nosso ganha-pão.

Em minha trajetória pelos caminhos da educação como profissional, seja educadora escolar ou parental, havia uma crença que viajava comigo por muito tempo. Era como um pirata-fantasma, que surgia do nada e saqueava minha motivação. A crença que eu reforçava repetidamente: *Eu não sei vender!*

Na primeira vez em que surgiu uma oportunidade espontânea de atender uma família em Educação Parental, eu estava de *staff* num evento de ferramentas de *coaching* para empreendedores. A querida Fernanda Tochetto Bertuol, a trainer, me apresentou aos 65 participantes, disse que ela própria, por ser mãe de primeira viagem, estava recebendo minhas orientações e provocações para mudar seu *mindset* (modelo mental), e anunciou que eu trabalhava com pais, crianças e adolescentes.

No intervalo do evento, um casal participante me chamou e quis me contratar na hora. Eis que surge, do nada, o *pirata-fantasma!* Eu sinceramente não sabia o que dizer, como fazer para aceitá-los como clientes. O curioso é que eu já estava com tudo organizado para o momento em que efetivamente fosse atendê-los, os materiais, os recursos, minhas intenções. Então, o que eu não sabia? Eu não sabia como conduzir o processo de *fechar o negócio*, da venda em si. Não sabia que valor cobrar. Não sabia explicar como se dava o serviço que eu oferecia e qual era o investimento que eles fariam, na contrapartida. O que eu fiz? Fui salva pelo gongo. O evento recomeçou e eu aproveitei e disse a eles que assim que chegasse em casa enviaria todas as informações para que não perdessem o conteúdo do evento: *Depois do evento eu mando o WhatsApp para vocês com tudo explicadinho!*

Você já deve ter percebido que além de ter sido salva pelo gongo eu saí pela tangente. Para quem conhece a abordagem da Disciplina Positiva, vai reconhecer que eu usei inconscientemente a pausa positiva, eu me afastei exatamente no momento em que estava sendo sequestrada pela amígdala cerebral, ou seja, que estava paralisada e não conseguia agir com racionalidade.

Lembro-me de chegar em casa e compartilhar minha angústia com colegas de um grupo de mentoria. Uma colega reforçou que eu estava agindo norteada por crenças que talvez tenham servido na infância como proteção para enfrentar desafios que ainda não tinha maturidade para lidar, mas que naquele momento não fazia sentido. Que precificar meu trabalho tratava-se de equilibrar o dar e o receber, pois estava entregando um serviço com muito empenho, com profissionalismo e, portanto, o recebimento era o justo. Fiz algumas ponderações e, então, enviei as informações e valor para o casal, o qual confirmou no mesmo instante.

Esta *saída pela tangente* fez eu me preparar para oferecer meu serviço adequadamente. Foi aí que descobri que precisava rever as questões que me impediam de viver o meu propósito e o meu trabalho.

Com certeza, a segurança para precificar e comunicar o valor dos meus serviços não surgiu como um passe de mágica. Mas este foi um primeiro passo importante, seguido de outros. Elegi três que foram fundamentais para mim e detalho cada um deles para que você possa se basear, caso sinta necessidade:

$ Construí um roteiro de mensagens informais e objetivas explicando o meu trabalho e o valor. Usei esta estratégia por muito tempo. Com isto, não me sentia tão exposta e vulnerável e ajudava a evitar entregar meu trabalho praticamente de graça, não lhe dando o devido valor, e ceder a barganhas de clientes que fossem bons negociantes;

$ Passei a priorizar o autoconhecimento, reconhecer as minhas crenças, identificar as feridas de minha criança interior e os sabotadores que eu carregava comigo, e que estavam impactando e impedindo de me conectar com minhas potencialidades profissionalmente. Com certeza, em algum momento de sua jornada você já se deparou com estes conteúdos. Caso estas questões ainda estejam latentes, caso o medo te impeça de seguir, sugiro que olhe para as questões emocionais com atenção e busque ajuda, se necessário;

$ Fiz investimentos de estudo e implantação de estratégias e ferramentas que contribuíssem para eu valorizar, precificar meus serviços com profissionalismo e racionalidade. Resgatei conhecimentos das minhas experiências anteriores como gestora de empresa educacional e implantei novas que fui aprendendo, como planilha de custos e definição de posicionamento de mercado.

É deste jeito, apoiada em meus valores pessoais, com estudo, dedicação, experimentação e determinação que tenho construído meu jeito de navegar por estas águas das negociações, antes tão difíceis para mim.

Que tal agora, você fazer uma parada nessa viagem e praticar mais um exercício de autorreflexão?

- O que você sente ao falar deste tema?
- Identificou algumas crenças?
- Percebe que tem deixado estas crenças te paralisar?
- O que decide fazer?

COMO SE PREPARAR PARA OFERECER A VIAGEM PARA AS FAMÍLIAS?

OS 3 PS DA PASSAGEM – POSICIONAMENTO, PRECIFICAÇÃO E PROSPECÇÃO

Para começar reforço que, mesmo que o tema posicionamento estratégico não lhe seja muito aprazível, é necessário e faz parte do escopo da sua profissão. Como você vai oferecer uma viagem às famílias, se não souber se posicionar e precificar adequadamente?

POSICIONAMENTO ESTRATÉGICO – 4 ROTEIROS

Em linhas gerais, posicionamento estratégico é a forma que uma empresa (ou um profissional) deseja ser percebida no mercado. É a decisão que toma a respeito de como quer ser visto pelo seu público-alvo. Ter noções básicas de posicionamento gera mais diferencial e também mais segurança.

Já ouviu o ditado popular "aprendemos pelo amor ou pela dor?"

Como eu aprendi hoje a dizer com segurança que uma hora de meu atendimento é $$$? Não foi sempre assim! Na história acima, contei para você que fiquei toda atrapalhada com os primeiros clientes e que tudo acabou bem, uma aprendizagem pelo amor. Na história seguinte você vai poder descobrir como evitar aprender pela dor, como ocorreu comigo.

No ano de 2008, eu finalmente inaugurei minha escola de Educação Infantil com investimento financeiro alto. E também com investimento de energia. De propósito. De estudo. Tão valiosos quanto o financeiro. Foram dois anos de muito trabalho: a construção do prédio, o estudo da viabilidade econômica, com posicionamento estratégico delineado, com assessorias de marketing e outras áreas estratégicas. Porém, quando chegou a hora de abrir as vagas e comunicar o valor da mensalidade, e, contrariando todas as evidências, os estudos e minha intuição, eu decidi ouvir uma pessoa de fora, porque eu não me considerava suficientemente boa para decidir isso. Eu não segui o posicionamento estratégico no qual minha empresa estava construída e estabeleci o valor por preço praticado na minha região por outras escolas. Eu levei cinco anos para alcançar o valor que deveria ter cobrado pela mensalidade.

E eu só consegui fazer esta mudança depois de fazer uma mentoria em gestão de negócios educacionais e aprender sobre posicionamento estratégico. A crença da professora que não sabe vender e que, diga-se de passagem, não estudou nada sobre negócios, mercado, gestão na faculdade, precisava ser ressignificada.

Observe o desenho anterior. Ele representa como muitas de nós nos encontramos em algum momento da carreira. Você se identifica também?

Eu não sei de que área profissional você vem. Ou se já teve experiência com vendas. Mas esta questão tem sido uma queixa recorrente entre colegas educadoras parentais e minhas mentorandas: de não saber precificar e se posicionar para vender.

Vamos aos quatro principais tipos de posicionamento. Alerto que não sou uma especialista em marketing, embora tenha feito um alto investimento em cursos, mentorias e consultorias, nas quais aprendi muito, me permitindo trazer algumas noções a partir do olhar de uma educadora parental como você.

1º Posicionamento por preço: como o próprio nome diz; o preço marca como nos mostramos ao nosso público-alvo, ao nicho que queremos atender. Este posicionamento serve para produtos iguais e similares. O bolso do cliente vai impactar na sua decisão. Não significa se tem dinheiro no bolso ou não, mas se ele vai pensar no desembolso ou como investimento.

Exemplo 1: Vou comprar para o meu filho a camiseta oficial do nosso time do coração. Na loja do Clube é $, na loja multimarcas é $$. Em qual loja vale a pena comprar?

Exemplo 2: Decido comprar um determinado livro que a Dani é coautora. Onde eu vou encontrar este produto mais barato? Fiz pesquisas de mercado e está com preços diferentes em três livrarias. Vou escolher o melhor preço, certo?

Esse é posicionamento por preço, cabe para produtos iguais, tendo *o preço mais barato* como atrativo. O que acontece no nosso meio? Você decide que vai realizar um workshop sobre telas, voltado para pais, e está vendo que a *Maria* também está oferecendo um workshop e está cobrando x; a *Gladis* cobrou y. Então, você segue o valor que a Maria decidiu ou coloca um valor intermediário entre as duas, afinal é tudo workshop, não é? Não! Não é! Você não sabe a estrutura, conteúdo, a carga horária, o nicho, o conhecimento de quem está oferecendo, os custos que ela tem. Não estou dizendo para não fazer assim. Eu também já fiz. Mas o que acontece nesta situação? Em primeiro lugar, nos pautamos apenas no externo e na concorrência e não em nossas forças e características do nosso produto.

Outra questão é que, desta forma, tendo a precificação do outro como balizador, reforçamos a crença *"Eu não sei vender"*. A minha hipótese sobre o porquê fazemos isso e, de certa forma, terceirizamos nossas decisões é porque temos memórias desagradáveis enquanto clientes em situações de compra e venda. Fomos construindo crenças de que vender é *chato*, de que todo vendedor é *chato*, que é insistente, que fica na porta da loja chamando o cliente ou ligando toda hora oferecendo algo. Mesmo que seja o posicionamento por preço, a postura da venda pode ser mais humanizada, termo que temos ouvido entre os *experts* da área.

2º Posicionamento por diferencial competitivo: é quando além do produto eleito para comprar, há algum atrativo a mais. Outros critérios estão em análise: o preço, as condições de pagamento, bônus, formação, experiência de quem oferece.

Exemplo 1: Para comprar a camiseta que meu filho quer, a loja x está oferecendo por $ pagando à vista. A loja y também está ofertando por $ e eu posso pagar o valor à vista em 3 parcelas. Isso é uma diferenciação que coloca a loja na frente da competição de venda.

Exemplo 2: Vi que o livro que quero comprar está com o mesmo valor nas duas lojas, mas a segunda loja oferece um baralho sobre estilos parentais como brinde ao fazer a compra.

3º Posicionamento por nicho: quando se define para qual o público que eu vou ofertar. O que está em destaque quando eu falo em posicionamento por nicho, pelo segmento do mercado? As necessidades do cliente.

Exemplo: Workshop sobre desfraldes. Sendo mãe de um adolescente, não faz sentido para mim.

Neste posicionamento, não faz sentido fazer ofertas para todos os públicos. Neste posicionamento precisamos observar como estamos nos comunicando com nosso público-alvo.

O foco não é o seu serviço e todo o seu conhecimento mas o quanto o que você oferece vai contribuir e resolver os problemas e dores dos seus clientes.

4º Posicionamento por Benefício: neste posicionamento você comunica ao seu público-alvo o que você entregará, que soluções você apresenta de tal forma que o valor que ele irá desembolsar representará menor do que ele recebeu. Sabe aquele comentário: pelo que entregou foi barato o que eu paguei?

Este é um posicionamento que precisa ser bastante estudado e praticado pelos educadores parentais. Como nossa profissão é recente no Brasil, há pouca validação dos resultados da contratação de um educador parental. Enquanto profissionais ainda estamos construindo nosso ´território de atuação´. Em todos os posicionamentos, neste em especial, precisamos conhecer o nosso nicho e ter clareza em nos apresentarmos.

PRECIFICAÇÃO – NEGOCIANDO A PASSAGEM!

Talvez você já tenha se sentido intimidado no momento ou até mesmo incapaz de negociar o seu serviço. Segundo Chris Voss, agente do FBI, especialista em negociação, negociar *nada mais é do que negociação com resultados*. A negociação de seu serviço, portanto, exigirá de você uma habilidade de se comunicar de tal forma que você consiga o que você espera e seu cliente também.

Neste exato momento, estou recordando da primeira vez que ofertei uma turma de mentoria tentando usar os badalados métodos de lançamento, que em alguns aspectos iam contra o meu perfil de comunicação e meus valores. O resultado é claro, foi uma atrapalhação só ao ponto de eu passar a fala para minha colega na hora da oferta, por não me sentir apta e de uma pessoa que estava assistindo comentar: *"Mesmo você não sabendo nada de lançamento, vi verdade na sua fala e vou apostar"*. Esta pessoa querida se tornou minha mentorada e hoje é membro da comunidade profissional Legião Parental e realizamos projetos em parceria.

Com isto, não espere que eu vá te dar a receita de como negociar, pois não a tenho, mas compartilharei algumas noções básicas, estudadas e testadas para que sirva de estímulo para você desenvolver as habilidades que avalia que precisará para não deixar seus sonhos nas nuvens e os projetos na gaveta.

Nesta trajetória que tenho narrado como tenho desenvolvido a habilidade de negociar, existem alguns conceitos e processos importantes que você precisa conhecer. A oferta é apenas uma parte e que se dá no final de um processo de negociação, embora cometamos o equívoco de chamar todo este processo de oferta ou de só focar nisso. Quando falamos em negociação, falamos de prospecção, oferta, além da precificação que já vimos acima.

PROSPECÇÃO – CONEXÃO COM POTENCIAIS PASSAGEIROS

Prospectar é ter planejamento e alinhamento com seu posicionamento de marketing e propósito. Prospectar é o processo de encontrar os CLIENTES EM POTENCIAL para seu perfil de negócio e fazer o contato inicial para somente mais tarde efetuar vendas.

Para a maioria dos especialistas na área, o processo de captação de clientes e de venda de um serviço ou produto, a prospecção, é a etapa mais desafiadora. Não há solução mágica! É um processo com conceitos, etapas e estratégias. É a prospecção que faz esses potenciais clientes evoluírem na negociação. Se você não tiver a coragem e a estratégia para abordá-los, eles não irão avançar no amadurecimento da decisão de lhe contratar. E é nessa hora, se decidirmos não agir, que vemos outros profissionais avançando e nós ficamos alimentando a crença de que o milharal do vizinho é mais verde.

O foco da prospecção é a construção de um relacionamento com o cliente, no qual se busca entender as necessidades do contato e como ajudá-lo. Prospecção é um processo com uma sequência de etapas para que as relações com os *prospects* (contatos em perspectiva) tragam resultados. É oferecer soluções e não apenas vender um produto.

Veja algumas etapas importantes da prospecção que não devem ser negligenciadas, seja na relação direta ou por meio de mídias sociais:

1. Pesquisa: conhecer seus prospects, entender quem são, quais são suas dores no momento e qual a melhor maneira de abordá-los. Aqui é muito importante separar as suas concepções, seus ideais de parentalidade e não fazer interpretações. É sobre o seu futuro cliente, não sobre você. Este levantamento é fundamental para avaliar as probabilidades e seguir os próximos passos.

2. Prospecção: a prospecção é o momento de fazer um primeiro contato. Nem sempre nos sentimos encorajados para isso. Mas é a hora de chamar a responsabilidade para si. Você deverá decidir se vai ligar, enviar mensagens ou e-mails.

3. Conexão: nesta etapa, você chega até seu *prospect*, que é quem toma a decisão. Você pode pedir para agendar uma chamada para se apresentar e começar a abordagem.

Lembre-se: esta conexão deve ser amigável e transparente, com o objetivo de conquistar e estabelecer um vínculo de confiança. Forçar a situação para vender no primeiro instante tem sido um erro recorrente entre os Educadores Parentais na prospecção. Compreensível pela falta de conhecimento deste processo. Nesta etapa, você pode convidá-lo para entrar em sua lista de transmissão, por exemplo.

4. Educação: você deve ter uma boa percepção sobre os desafios e expectativas da pessoa com quem você está interagindo. É a etapa em que auxiliamos o *prospect* a identificar o que está o impedindo de ter a relação que deseja ter com os filhos ou o que pode estar provocando os conflitos e desafios que ele vive e mostrar que você tem soluções para resolver esses problemas. Esta etapa é chamada de educação porque é quando conduzimos o *prospect* a tomar consciência dos seus desafios e a entender o valor das soluções que você tem para ele.

Nesta etapa a comunicação do Educador Parental com o futuro cliente envolve elementos como dores, atitudes tomadas, consequências, soluções tomadas, resultados alcançados, sentimentos, suas soluções e resultados: ganhos, benefícios e dores reduzidas.

5. Fechamento: hora da transformação da oportunidade em negócio. Ah! Para chegar aqui precisamos ter aprendido a regular nossa ansiedade. Importante aprendermos a fazer a oferta na hora certa para não desperdiçar o seu investimento e o tempo do outro. Para esta etapa, tenha objetiva e claramente detalhada a sua oferta: o que é seu serviço; como é; para quem é; o que você entregará; o que espera do cliente; o que ele receberá, aprenderá, ganhará; quanto custará; quais as condições de pagamento.

Para encerrar este tópico, deixo ainda alguns conceitos que se você for um iniciante nesta jornada de negociação, especialmente se transita pelo mundo digital, precisa conhecer. Lembrando que são informações de quem aprendeu na prática, em cursos, estudando, pagando muitos cursos de marketing, mas que não é uma especialista na área.

ICP – perfil do cliente ideal: persona. Ao mapear o ICP, os esforços para conquistá-lo são menores; pode ficar com você mais tempo – fidelização; tem menos propensão a desistir; defende e divulga seu trabalho.

LEADS – demonstram algum interesse – cadastraram para lives, baixar e-book. Estão no início do *funil de venda*, como os especialistas em marketing chamam este processo de negociação.

PROSPECTS – leads qualificados, estão alinhados ao seu ICP, pais e mães que interagem com seus conteúdos e demonstram interesse efetivo no que você apresenta.

CLIENTES – aqueles que compraram seus serviços, te contratam. Aqueles que evoluíram no *funil de vendas*. Há clientes que chegaram até você por conta própria, mas via de regra você precisa fazer a abordagem. A maioria dos clientes é captada porque você se aproxima deles como *prospects* oferecendo soluções para resolver os seus problemas, demonstrando que se importa com eles, construindo, assim, uma relação de confiança.

Assim como eu desejava, talvez você gostaria de ler e ouvir que há uma solução mágica, rápida e fácil para captar clientes, oferecer nossos serviços, prestar nossa contribuição e receber por isso. Mas não seria honesto se dissesse isto. Exige treino, prática, aprendizagem de novas habilidades, expor suas vulnerabilidades.

Há várias maneiras de fazer prospecção de clientes. Você deve escolher o que faz mais sentido para o seu perfil, seu produto/serviço, seu negócio. Este é um dos caminhos que reforça uma das necessidades emocionais básicas de todos os seres humanos: ser importante e receber atenção. E se este é um ponto fundamental no seu trabalho como educador parental, não o negligencie na hora da negociação.

Então, prospectar clientes e fechar um contrato não é algo que se dá como uma mágica, como já registrado. Entretanto, isso faz parte do que precisamos fazer para viver nosso propósito como EDUCADORES PARENTAIS e também ter o reconhecimento e validação financeira daquilo que nos propusemos a contribuir com ética e profissionalismo.

A viagem ao Norte – negócios e posicionamento – é desafiadora sim, mas é possível.

Desta forma, lembre-se sempre: fracassos não são as derrotas, os nãos que recebemos, as performances atrapalhadas que temos no caminho.

FRACASSO É DESISTIR! Não desista!

SUL

SERVIÇOS, PRODUTOS E MODALIDADES DE ATENDIMENTO

*A gente sempre deve sair à rua
como quem foge de casa,
Como se estivessem abertos
diante de nós todos os caminhos do mundo.
Não importa que os compromissos,
as obrigações, estejam ali...
Chegamos de muito longe,
de alma aberta e o coração cantando!*

Mario Quintana

O QUE LEVA EM SUA BAGAGEM?

Vamos lá! Como foi a viagem pelo NORTE?

Preparado para viajarmos ao SUL?

Se o Norte pode ser frio e árido, o Sul também pode nos desorientar com suas variações dos ventos: seco, úmido, frio ou quente. E qual vento é o mais favorável para navegar pelos mares da PARENTALIDADE? Neste capítulo vamos ver qual o tipo de serviço parental é mais adequado ao seu perfil e os mais favoráveis para dar os primeiros passos ou para seguir sua jornada. Há muitas possibilidades e haverá ainda mais na medida em que a Educação Parental se torna mais reconhecida e nós, os profissionais desta área, nos permitirmos explorar novos mares.

Se na viagem ao Norte o desafio era a escassez de conhecimento e experiência, no Sul a abundância de caminhos e *pontos turísticos* – possibilidades – também pode nos deixar "desbussolados" e, ao sermos raptados pelo desejo de seguir todos os destinos, como fazer mentoria, livros, cursos, programa de atendimento individual, workshops, entre tantos outros, corremos o risco de estagnar sem ir para lugar algum. Os dois extremos são prejudiciais.

Por isso, viajamos ao Norte antes de viajarmos para o Sul. Inclusive, talvez você esteja se perguntando se o que eu propus no primeiro capítulo não tenha sido um exercício de autocoaching[1]. O que eu responderia se você estivesse cara a cara comigo?

Sim! Foi o que propus, sim! Propus um exercício de autoconsciência a partir de perguntas que permitissem a você observar seu processo pessoal, sua viagem até aqui. De acordo com as teorias cognitivas comportamentais[2], são nossas atividades cognitivas, pensamentos e sentimentos, que influenciam nossos comportamentos e tomada de decisões. Desta forma, se não estivermos em constante exercício autorreflexivo temos a tendência a travar, a acreditar que o nosso trabalho não é suficientemente bom para o que pretendemos fazer, a ter vergonha de nos expormos na arena da vida, como menciona Brené Brown, em seu livro A coragem de ser imperfeito. A propósito, se ainda não leu, coloque este na sua lista dos livros indispensáveis para o Educador Parental.

Ao nos conectarmos com nossa história, revisitarmos as viagens pregressas, podemos descobrir[3] as evidências de

---

[1] Coaching: Processo de condução de procedimentos, estratégias e ferramentas com vistas a atingir um objetivo ou uma meta real. O coaching tem como base conhecimentos de diferentes campos da ciência, como filosofia, neurociência do comportamento, TCC, entre outros. No capítulos 4 trarei mais informações sobre esta metodologia.

[2] TCC – teorias cognitvo-comportamentais. Para saber mais, sugiro pesquisar sobre os principais teóricos sobre o tema, como, por exemplo, Aaron T. Beck, Alfred Adler, George Kelly.

[3] Descobrir – encontrar, ver algo que já existe! Tirar o que cobre e me impede de ver. "Remover, tirar o que cobre, parcial ou parcialmente". Oxford Language.

que sabemos e temos, do que precisamos ter nesse momento para entrar em ação e viver nosso propósito. A partir desta visita, você descobrirá no Sul os serviços e produtos que poderá oferecer a partir da sua história com as suas competências individuais, intransferíveis e não replicáveis. Este exercício autorreflexivo e investigativo te fortalecerá para desempenhar seu trabalho com dignidade, senso crítico e autonomia nas diversas situações nas quais está ou estará inserido como Educador Parental.

Se colocar em ação na Educação Parental, ou seja, oferecer serviços e produtos, exige do Educador Parental competências que mobilizem conhecimentos, habilidades e atitudes necessárias e que você já tem. Detalharemos esses conceitos mais adiante neste capítulo.

O reconhecimento proposto anteriormente propicia mais segurança e mais assertividade em suas escolhas. Você conhecerá algumas possibilidades de atuação profissionaL, lembrando que muitas outras surgirão na medida em que a Educação Parental for se desenvolvendo e se tornando mais conhecida socialmente; na medida em que cada um de nós, profissionais pioneiros desta incipiente profissão, for se colocando em ação, construindo e ampliando seus portfólios e construindo a história da Educação Parental Profissional.

QUAL TIPO DE PASSAPORTE PRECISA TER?

Profissões regulamentadas são regidas por legislação própria de autoria do Congresso Nacional e sancionada pelo Presidente da República. Na lei de regulamentação, são apresentados os deveres e as garantias do profissional, além das descrições das atividades passíveis de fiscalização.

A regulamentação define legalmente o exercício da função, bem como os **requisitos**, as **competências** e as **habilidades** que o profissional deve ter para exercer tal atividade. As leis tratam da **jornada de trabalho**, das **atribuições, área de atuação, formação** exigida e outras definições profissionais.

O reconhecimento indica que a profissão existe, de fato, e consta na Classificação Brasileira de Ocupações (CBO*), mas não há necessidade de uma Lei para exigir deveres e nem outorgar direitos.

Além disso, segundo o consultor técnico do Senado Brasileiro, Sr. Marcello Cassiano, em entrevista à Agência Senado, *"para regulamentar uma profissão, primeiro deve-se chegar à conclusão de que essa profissão, se for exercida por quem não é qualificado, vai acarretar um risco à sociedade"*. Desta forma, elimina-se a possibilidade de se regulamentar uma profissão apenas para valorizar determinada categoria.

Desta forma, a prestação de serviços, produtos e realização de eventos em Educação Parental, pode ser exercida, considerando preceitos éticos e tendo como uma das referências para descrição de atividades econômicas o CNAE/IBGE[4], inclusive para redação de contratos, emissão de notas fiscais e cálculo tributário. A exemplo das atividades de prestação de serviços em educação, atividades profissionais, científicas e técnicas, atividades em organizações associativas, atividades em organismos internacionais.

QUE TIPO DE VIAGENS PODE FAZER E OFERECER?

Serviços são atividades planejadas, organizadas e realizadas para atender as necessidades do cliente. Serviços em Educação Parental são as atividades oferecidas pelos profissionais para atender as necessidades das famílias, que podem ser manifestadas diretamente por elas ou identificadas de diferentes maneiras. Podem ser oferecidos individual ou coletivamente. Essas necessidades são muito variadas, porém, se dão nos limites da educação, ou seja, da oferta de contextos de aprendizagens para pais, mães e cuidadores desenvolverem e ampliarem suas habilidades parentais.

---

[4] CNAE/IBGE - https://concla.ibge.gov.br/ Classificação Nacional das Atividads Econômicas.

Sobre os serviços, há muitos profissionais com clareza de seu posicionamento, assim como há outros tantos com dúvidas sobre como se posicionar. Os serviços e produtos coletivos, ou seja, atendendo simultaneamente várias pessoas, têm programações mais padronizadas. Os serviços individuais podem acontecer por meio de programas previamente estruturados com sessões, roteiros e até temas centrais preestabelecidos e também podem se estruturar de maneira mais personalizada, através de consultorias, mentorias, programas de coaching, por exemplo.

Há, sem dúvidas, uma gama de possibilidades de serviços e produtos. Cada profissional irá mobilizar suas competências provenientes e associadas aos referenciais teórico-práticos que estudou através de suas certificações ou estudos independentes. Assim, ao ler as possibilidades abaixo, sugiro que use como lente os referenciais de sua formação. Vejamos algumas possibilidades:

Coaching – Metodologia usada por um profissional com conhecimento e certificação (coach) para conduzir um cliente por meio de técnicas e métodos voltados para o seu desenvolvimento, com alcance de um objetivo específico, definido por ele (coachee) em tempo determinado. A maioria das escolas de formação em coaching orienta que se construa um programa com número limitado de sessões e roteiros preestabelecidos.

Há algum tempo, fui procurada por um homem de 41 anos, o qual vou chamá-lo de Walter. Ele estava se divorciando e o objetivo dele era como conduzir este processo com os filhos, tendo como prioridade o bem-estar deles. Ele já contava com assessoria jurídica e psicológica também. Como ele já havia contratado um coach para alcançar um objetivo em outra situação em sua vida e acreditava que seria importante ter esta condução de um coach parental. Ele convidou a mãe dos seus filhos para participar, mas ela não aceitou. Na definição do objetivo, Walter afirmou que o que gostaria era que os filhos ficassem na casa e que o casal se alternasse para que não afetasse tanto a rotina dos filhos, até porque no relato dele seria muito difícil para um dos filhos que era autista e precisava da constância na rotina.

Este foi um lindo processo que me propiciou muitas aprendizagens, dentre elas a oportunidade de desenvolver novas habilidades. Um processo que exigiu a constante atitude de não julgamento e a habilidade de ajudar o cliente a se autorresponsabilizar, porque ele estava se sentindo desencorajado para tomar decisões. Ter o conhecimento dos limites da minha atuação também foi fundamental, pois precisei encorajá-lo a continuar com a terapia, já que se sentia extremamente culpado, ressaltando a todo o tempo que não tinha vontade de fazer nada, que só chorava, não dormia, não sabia se Deus lhe perdoaria já que "estava agindo contra seus preceitos religiosos de não seguir no casamento até que a morte os separasse", nas palavras de Walter. No processo de coaching com Walter, trabalhou-se ferramentas e técnicas para que ele comunicasse suas intenções e propostas para a ex-mulher; também exploramos como comunicaria aos filhos sobre a separação; quais os combinados que o casal parental faria daquele momento em diante em relação à educação dos filhos. Acompanhei este pai por seis meses. A organização de alternância dos pais na casa foi aceita pela mãe, a qual também aceitou aprender e a introduzir a reunião de família para tomada de decisões envolvendo os filhos.

A metodologia coaching teve uma grande expansão no contexto brasileiro a partir de 2010, por apresentar a possibilidade de alcance do objetivo com resultados rápidos e assertivos. Da mesma maneira, foi grande a onda de críticas, mas não entrarei no mérito da questão das polêmicas.

Entretanto, com experiência como professora de metodologia científica para cursos de graduação e pós-graduação, como life coach (coach pessoal) certificada em escola ética, como coach familiar e parental, acredito que quando estudada com profundidade, praticada de maneira correta e ética, a metodologia coaching é extremamente eficaz. A propósito, como previsto pelos especialistas em coaching, esta abordagem de condução por meio de ferramentas e técnicas de questionamentos, encorajamento para tomada autônoma de decisões e alcance de objetivo, já está sendo considerada uma habilidade fundamental para profissionais do desenvolvimento humano. Coaching não tem propósito terapêutico e sim, alcance de objetivos concretos e pragmáticos.

Terminologia e organização dos serviços de coaching:

Coaching – processo. No segmento da parentalidade, alguns profissionais especificam seu nicho de atuação. Por exemplo: coach parental; coach de *mães solo*.

Coach – profissional que encaminha e conduz o processo.

Coachee – cliente, aquele que contrata o processo para alcançar seu objetivo.

Espaço de atendimento – escritório, casa do cliente, casa do coach, online. Não recomendo usar o termo consultório.

Organização dos atendimentos – sessão, reunião. Não recomendo o termo consulta.

Consultoria: diferentemente do coaching, no serviço de consultoria, o consultor faz o mapeamento, análise, investigação do problema e propõe soluções a partir de suas competências na área em que atua. Na parentalidade hoje temos muitos profissionais prestando serviços como consultores. Alguns exemplos: consultora de aleitamento materno; consultoria em educação financeira familiar; consultoria em *homeschooling*[5]

---
[5] Homescholing – processo de desenvolvimento da educação formal desenvolvido em casa, e não na escola; gerenciado pelas famílias sob referenciais dos sistemas educacionais do país. No Brasil é um processo muito recente.

Tive uma cliente, a qual vou chamar de Júlia, que me procurou porque queria praticar estratégias e ferramentas para manter a calma nas situações desafiadoras com seus filhos, dois meninos de 4 e 2 anos. Júlia descreveu sua realidade com muita franqueza, me disse que tinha acompanhamento psiquiátrico, fazia psicoterapia, mas que amava ser mãe, que já havia lido todos os livros mais recentes sobre educação respeitosa e disciplina, mas que sentia muito vergonha *por não conseguir colocar em prática na hora h*, como ela afirmou; que perdia a paciência com os filhos, com o marido e ficava muito arrependida. Além disso, não entendia como não conseguia colocar em prática aquilo que ela havia estudado e acreditava já que atuava no Direito e também tinha formação na área da educação. Com a permissão de Júlia, mantive contato com sua psiquiatra e sua psicoterapeuta e apresentei meu plano de ação e também obtive informações e dicas importantes.

Júlia estava num processo de autoconhecimento e de análise com seus profissionais da saúde, então, era possível em paralelo fazer um trabalho focado no desenvolvimento de habilidades parentais importantes. Organizei um programa de 10 sessões de consultoria para Júlia aprender a colocar em prática os princípios e estratégias das abordagens que ela já conhecia, em especial da disciplina positiva. Durante e entre as sessões, Júlia foi tendo insights e fazendo relações com as questões que estava analisando no seu processo psicoterapêutico, foi exercitando as ferramentas nas sessões e empregando-as em sua conduta em casa e, com os resultados positivos que aos poucos iam surgindo, foi se encorajando e se comprometendo cada vez mais em estar presente e consciente na relação com os filhos. Um dia ela chegou na sessão de consultoria muito contente porque havia conseguido praticar duas atitudes que havia escolhido treinar; acolher o seu filho de 4 anos que ficou muito irritado ao perceber que seu colega havia chegado antes dele e seria o primeiro da fila:

> *"Dani, ontem finalmente eu consegui agir como eu gostaria de agir! Artur (nome fictício) começou a chutar o banco do motorista e gritava que ele sempre era o último por culpa minha. Sabe, né!? Antes eu gritava junto com ele para ele parar de gritar e dava um safanão no braço. Ontem eu fechei os olhos, respirei fundo, me virei para ele no banco de trás e disse que eu entendia ele. Quando descemos do carro, ele me pediu se nós podíamos vir mais cedo no dia seguinte. E como eu me acalmei, ele conseguiu se acalmar também, Dani. Nem acredito".*

Esta consultoria, desenvolvida a partir de um olhar interdisciplinar e com interação multiprofissional, resultou mudança nas atitudes da Júlia e também potencializou seu processo terapêutico, na medida em que ela ia se sentindo mais satisfeita com suas condutas e com sua capacidade de se autorregular com o suporte dos recursos, estratégias e ferramentas da Educação Parental.

Terminologia e organização dos serviços de consultoria:

Consultoria – processo de análise e solução para um problema, situação ou projeto. Importante não confundir consultoria com consulta da área da saúde.

Consultor – profissional que encaminha e conduz o processo.

Cliente – aquele que contrata o processo para alcançar seu objetivo.

Espaço de atendimento – escritório, casa do cliente, casa do consultor, online. Não recomendo usar o termo consultório.

Mentoria: mentoring pode ser traduzido como tutoria, mentoria. O *mentoring* é uma ferramenta de desenvolvimento profissional e consiste em uma pessoa experiente ajudar outra menos experiente numa habilidade pontual. Também é importante para desenvolver mentoria, aprimorar sua habilidade didática para orientar, ensinar, detalhar, explicar como fazer determinada ação. A mentoria pode ser oferecida individualmente, mais personalizada, ou para grupos ou turma, a partir de um tema em comum. Por exemplo, a colega Priscila, a qual fez mentoria comigo para aprender a organizar seus serviços e produtos, é Educadora Parental, tem grande conhecimento na neurociência da aprendizagem e tem larga experiência como coordenadora pedagógica, organizou sua mentoria para pais de crianças em idade escolar para que eles aprendessem a melhor maneira de acompanhar e auxiliar os filhos com seus hábitos de estudos.

Terminologia e organização dos serviços de mentoria:

Mentoria – processo de auxílio de um profissional experiente para desenvolvimento de um profissional inexperiente, para agilizar e descomplicar a aprendizagem, otimizar resultados, esclarecer dúvidas e mostrar caminhos mais assertivos.

Mentor – profissional com *expertise* num aspecto, assunto, com habilidades de orientação, acolhimento, modelagem e aconselhamento. Profissionais de diferentes áreas estão oferecendo mentoria. Alguns até trocando o nome de seus cursos para mentoria. Neste caso, cabe a observação de que mentoria se dá a partir da expertise, ou seja, da experiência prática do mentor e não se trata de transmitir conhecimento teórico.

Mentorado – cliente, aquele que contrata o mentor para adquirir mais experiência, tendo como base as aprendizagens que o mentor teve com seus erros e acertos. Uma curiosidade aqui é que tenho prestado serviço de mentoria em Educação Parental para colegas profissionais e mães. Por exemplo, tive três procuras pontuais de colegas que estavam em processo de divórcio e se sentiam inseguras e até "impostoras", e, como eu vivo esta realidade de ser uma mulher divorciada, mãe de adolescente e educadora parental, poderia auxiliá-las a se posicionar e lidar com esta crença que em algum momento aparece para a maioria: *como vou ajudar outras famílias, se a minha não é exemplo de sucesso?*

Espaço de atendimento – escritório, casa do cliente, casa do mentor, online. Não recomendo usar o termo consultório.

Cursos: em linhas gerais, são produtos destinados a capacitar um público em um tema específico, com uma carga horária extensa, com quatro elementos estruturantes básicos: Objetivos, Conteúdos, Metodologia e Cronograma. A duração e as modalidades envolvidas serão determinadas pelo tema do curso, pela extensão do conteúdo e pela demanda identificada no público-alvo. Pode ser presencial ou online através de plataformas digitais, com carga horária variada, em geral de vinte horas ou mais. No formato digital, é mais comum ter aulas gravadas, complementadas por materiais de apoio, com algumas aulas ao vivo para tirar dúvidas ou mentoria.

Na parentalidade há muitos temas que são oferecidos em formato de cursos por oferecerem conteúdos que são generalizados podem ser aproveitados com diferentes públicos como, por exemplo, o título *FILHOS E TELAS: Conheça o efeito das telas no cérebro das crianças e adolescentes e aprenda a lidar com este desafio.*

Palestras: com origem no verbo italiano *parlar*, consiste em apresentação ou aprofundamento de temas vinculados à área de atuação – PARENTALIDADE, a ser ministrada por especialistas no tema. Poderão ser inseridas em outros eventos ou realizadas isoladamente. Prima-se pela espontânea participação da platéia, através de perguntas e relatos. As palestras são muito usadas como estratégia para divulgar o trabalho, mostrar o domínio do profissional sobre o tema. Também podem estar no portfólio de serviços e produtos, podendo ser oferecidas como bônus de algum produto ou serviço mais complexo, em escolas por exemplo. As palestras podem ser oferecidas em diferentes espaços e instituições: escolas, empresas, instituições de educação não formal, para educadores sociais. Exemplo: Palestra "O efeito das telas no cérebro das crianças e adolescentes".

Workshops: se fizermos uma tradução literal para o português, podemos chamar de oficinas, que são eventos com destaque para aprendizagem prática de conceitos, habilidades, atitudes. Enfatiza-se o compartilhamento de princípios, vivências e práticas. Uma modalidade de evento ou produto que provoca muito engajamento entre pais, educadores e cuidadores por proporcionar o reconhecimento e a identificação de pensamentos, sentimentos, condutas e desafios semelhantes no contexto da educação de crianças e adolescentes.

Exemplo: Aprenda como gerenciar a presença das telas na sua família para minimizar os efeitos maléficos e fazer bom uso destes recursos tecnológicos!

Produtos gráficos: sobre produtos gráficos, há uma gama de possibilidades, como livros, e-books (livros digitais), *power*-scripts (roteiros de orientações específicas), periódicos físicos ou digitais, jogos, baralhos de ferramentas, livro-baralho com *conteúdos-pílula*. Livros e demais materiais gráficos podem ser excelentes ferramentas para construção de reconhecimento parental, para comunicação de princípios da parentalidade. Importante lembrar de citar as fontes que foram inspiração e referência, sejam autores, teorias, professores, cursos, para não configurar apropriação indevida. Sobre os livros, podem ser editados individualmente ou em coautoria. No livro em coautoria, vários autores se reúnem e trazem conhecimentos, de caráter técnicos, procedimentais, atitudinais para contribuir com o propósito dos pais na sua parentalidade.

Seminários (*canteiro de sementes*): apresentação e debate sobre um assunto entre grupo de pessoas que tenham interesse em comum sobre um tema ou conhecimento em destaque. Todos participam, discutindo e obtendo conclusões sobre o tema, sob a coordenação de um ou mais mediadores. Sobre a duração, pode variar podendo ser de um dia, ou fragmentado em horários semanais, por exemplo. Seminários de leitura de livros que envolvem a educação dos filhos, dedicado a mães, pais e cuidadores, são exemplos de produtos que podem ser oferecidos.

Clubes ou grupos de leitura: estudo de livros que contribuem para o autoconhecimento, desenvolvimento de habilidades parentais e conhecimento de novas possibilidades e posturas educativas. Em clubes de leitura, costuma-se oferecer o livro a ser estudado, incluso na inscrição. Eu coordeno um grupo de leitura chamado "Happy Hour Literário", no qual já estudamos sete títulos sobre autoconhecimento e criação dos filhos. Também coordeno o grupo de leitura do Clube Canguru com estudo de livros fundamentais para o aprimoramento de educadores parentais. Durante o estudo também é possível propor exercícios de autoconsciência e tomada de decisões a partir das aprendizagens.

Projetos de assessoria, consultoria para instituições ou empresas: realizar trabalhos com diferentes produtos incorporados em um único projeto para instituições ou empresas e ainda sistemas públicos de educação, saúde, assistência social, também se configura num caminho de muitas possibilidades de atuação como Educador Parental. No ano de 2021, eu fui contratada por uma Secretaria de Educação de um município do Rio Grande do Sul, para planejar e desenvolver um Programa de Educação Parental e Educação Positiva para uma comunidade de 500 pais e 55 educadores. O projeto recebeu o nome de "Gerações em Conexão", foi coordenado pela Secretaria de Educação e acolhido e custeado em colaboração por outras três secretarias municipais, de Saúde, de Assistência Social e da Cultura. Foi um projeto desenvolvido para atender as metas das políticas públicas delineadas pelo governo daquele município.

É provável que você encontre, recorde, ou até ofereça, muitos outros serviços e produtos em Educação Parental. Os produtos digitais, por exemplo, são oferecidos e praticados por meio das redes sociais. Mas sobre isto vou te convidar para conhecer com mais propriedade por meio dos profissionais da área. O objetivo aqui é que você possa ter uma noção geral sobre as possibilidades pelas quais você pode se colocar em ação.

QUE VIAJANTES PODEM SER CONVIDADOS PARA SUAS VIAGENS?

PÚBLICOS E AMBIENTES DE ATUAÇÃO

Anteriormente, no capítulo 1 – Norte – você conheceu os tipos de posicionamento e as estratégias de prospecção de clientes, a partir da definição do seu público-alvo. Há linhas de marketing que sugerem que você mapeie seu público, por meio da definição do perfil da persona. Há mais recentemente uma corrente que tem dito que seu público vai se formar na medida em que se identificarem com você, com suas experiências, na maneira de se expor e se posicionar. Enfim, cabe a mim exemplificar algumas demandas que têm resultado na construção de públicos específicos, a partir das "soluções" que os profissionais têm a oferecer. Soluções entendidas como a proximidade que o profissional tem com o tema que é de interesse do público. Alguns exemplos:

- Mulheres que educam seus filhos sozinhas, sem rede de apoio;
- Mulheres separadas que vivem relação conflituosa com os pais dos filhos;
- Homens que educam seus filhos sozinhos;
- Casais parentais que estão em processo de separação do casal conjugal e buscam construir um plano comum de como conduzir a educação dos filhos após divórcio.

A educação parental, na perspectiva que acredito a partir das abordagens estudadas, é uma possibilidade aos pais e mães, e todos os cuidadores de crianças e adolescentes, de se transformarem para transformar seu jeito de educar seus filhos, desenvolvendo novas habilidades para ser relacionar de maneira mais conectada, assertiva, afetiva e respeitosa; de maneira mais congruente com a realidade atual. Como vimos acima, este processo pode ocorrer de várias perspectivas: em grupos e individualmente.

COMO SABER SE TENHO A BAGAGEM ADEQUADA?

DAS COMPETÊNCIAS NECESSÁRIAS PARA OFERECER SERVIÇOS E PRODUTOS EM EDUCAÇÃO PARENTAL

Para responder a esta pergunta recorrente entre os profissionais, vamos iniciar com um pouquinho de alinhamento teórico e conceitual. Fiz questão de trazer este tópico com um teor mais teórico para ajudar especialmente aqueles educadores parentais que possam estar vivendo uma crise da famosa *síndrome da impostor*. Também já me vi assim em muitos momentos, travando frente a obstáculos, aparentemente intransponíveis; como se eu não fosse *suficientemente boa*[6] para fazer o que faço, seja como mãe ou como profissional. Passamos a acreditar não ter os conhecimentos suficientes para entrar em ação. Por consequência, caímos numa segunda armadilha, a do perfeccionismo, e permanecemos numa busca incessante por mais conhecimento, nos sobrecarregamos com o excesso de informações e, mesmo assim, nossos resultados produtivos são baixos. Aproprio-me de um trecho das significativas

---

[6] Donald Winnicott (1896 – 1971), foi um pediatra e psicanalista inglês, referência na relação materna, em especial da teoria desenvolvimento psicológico. A expressão "Mãe Suficientemente Boa" é de autoria de Winnicot, para afirmar que uma mãe não é perfeita, como se idealizava e idealiza-se ainda. Para ele "a mãe suficientemente boa é aquela que, além de prover as necessidades do indivíduo para se constituir como sujeito, também falha – o tempo todo".

provocações epistemológicas[7] do filósofo francês Bachelard[8] (1996), para um alerta importante:

> *Em termos de obstáculos que o problema do conhecimento científico deve ser colocado. E não se trata de considerar obstáculos externos, como a complexidade e a fugacidade dos fenômenos, nem de incriminar a fragilidade dos sentidos e do espírito humano: é no âmago do próprio ato de conhecer que aparecem, por uma espécie de imperativo funcional, lentidões e conflitos. É aí que mostraremos causas de estagnação e até de regressão, detectaremos causas de inércia às quais daremos o nome de obstáculos epistemológicos. O conhecimento do real é luz que sempre projeta algumas sombras. Nunca é imediato e pleno!*

A partir deste alerta acolhedor, e ao mesmo tempo real, e com as informações que trago como *itens importantes para seguir sua viagem*, você terá recursos, teóricos e práticos, para construir o mapa das competências que você já desenvolveu até esta etapa da sua viagem pessoal na Educação Parental.

---

[7] Epistemologia – em linhas gerais, trata-se da teoria do conhecimento, ligada à uma linha filosófica que busca entender como o ser humano busca o conhecimento.

[8] Gaston Bachelard (1884-1962) foi um filósofo, químico e poeta francês, tendo dedicado sua vida aos estudos referentes à filosofia da ciência e à epistemologia.

RAIO-X DA BAGAGEM DE VIAJANTE DA EDUCAÇÃO PARENTAL PROFISSIONAL

O QUE SÃO COMPETÊNCIAS?

Neste percurso de construção de pilares fundamentais da atuação competente do educador parental em diferentes serviços e produtos, é importante destacar que o emprego do termo competência não é novo. A palavra Competência traduzida do latim *competere*: *com*: conjunto; *perete*: esforço, já estava presente na Idade Antiga. Associada à ideia grega de *aretê* que, traduzida livremente como *virtude, adaptação perfeita*, nos países ocidentais, passa a ser interpretada como o poder que alguém tem de fazer alguma coisa, com mérito e excelência.

Na contemporaneidade, competência é um termo bastante recorrente em diferentes áreas do saber e contextos. A abordagem da formação educativa e/ou profissional por competências foi pioneiramente sistematizada pelo educador suíço Philippe Perrenoud[9], embora já fosse proposta anteriormente por outros educadores e pesquisadores, como o educador francês Celestian Freinet[10].

---

[9] Philippe Perrenoud – educador, sociólogo e antropólogo suíço, é doutor em Sociologia e Antropologia. Atua na área da Educação, sendo uma importante referência para os educadores, a partir de suas teorias e práticas pioneiras sobre a profissionalização do educador e suas competências.

[10] Celestian Freinet (1896-1966) educador francês, criador do movimento da escola moderna, já propunha uma escola centrada na ação da criança e na sua dimensão social.

Desde as primeiras proposições de Perrenoud a respeito da educação para o desenvolvimento de competências, em 1999, muitos estudos já se ampliaram, mas suas ideias ainda são norteadoras nos cenários científico, educacional e de desenvolvimento. No Brasil, inclusive, a abordagem para e através das competências, ainda é uma das principais referências para a educação como se pode comprovar nos documentos do Ministério da Educação, a exemplo de resoluções e pareceres para educação básica, superior e profissionalizante. Segundo Perrenoud:

> *Toda competência está, fundamentalmente, ligada a uma prática social de certa complexidade. Não a um gesto dado, mas sim a um conjunto de gestos, posturas e palavras inscritos na prática que lhes confere sentido e continuidade. Uma competência não remete, necessariamente, a uma* **prática** *profissional e exige ainda menos que quem a ela se dedique seja* **profissional completo**. *Assim, como amador pode-se dar concertos, organizar viagens, animar associação, cuidar de uma criança, (...) Tais práticas, entretanto, admitem uma* **forma profissional**. *Não há nada de estranho nisso: os novos ofícios, raramente nascem ex nihilo (do nada), e, de maneira geral, representam o término de um processo de gradativa profissionalização de uma prática social inicialmente difusa e benévola. É perfeitamente normal, pois toda competência amplamente reconhecida evoca uma prática profissional instituída, emergente ou virtual. (1999:36)*

Esta citação de Perrenoud se apresenta aqui como uma relevante contribuição em nossa viagem, pois, no meu entendimento, vem ao encontro da realidade em que estamos vivendo na caminhada de profissionalização do ofício emergente do Educador Parental. Um ofício que não nasceu do nada; nasceu justamente do reconhecimento de demandas sociais e de situações pertinentes ainda não atendidas, na especificidade da educação, pelas profissões já existentes que atuam nos contextos: o familiar e o educacional.

A **Educação Parental Profissional** nasceu e está se constituindo a partir da necessidade sentida por pais e mães de praticarem uma **Educação Parental Familiar**, ou seja, desenvolverem uma parentalidade competente, contextualizada aos desafios da vida contemporânea. A Educação Parental Profissional é aquela desenvolvida por profissionais que criam diferentes contextos de aprendizagens para os pais construírem, bem como aprimorar suas competências parentais.

De acordo com Perrenoud, competência é designada como *a capacidade de mobilizar diversos recursos cognitivos para enfrentar um tipo de situações*. Nesta designação, os recursos tratam-se dos saberes, savoir-faire[11] e atitudes que são mobilizadas em cada situação singular. Outra definição bastante

---

[11] Savoir-faire: perícia, saber fazer adquirido pela experiência em resolver problemas específicos de um trabalho; habilidade. Capacidade para solucionar ou resolver algo de modo prático; habilidade.

difundida na atualidade, especialmente no contexto corporativo, foi proposto em 1973 pelo psicólogo americano David McClelland[12], segundo o qual competência é o conjunto de conhecimentos, habilidades e atitudes, simplificando no conhecido acrônimo CHA.

Ambas definições nos fornecem elementos importantes para entendermos o que nos compete enquanto Educadores Parentais para tecermos nosso plano de viagem sobre o quê, para quê, como e por quê trabalharemos.

QUAIS SÃO AS COMPETÊNCIAS NECESSÁRIAS PARA UM EDUCADOR PARENTAL?

Talvez possamos associar uma segunda pergunta: precisa se ter um escopo das competências básicas de um educador parental?

Você deve estar percebendo que trago uma concepção de EDUCADOR PARENTAL de um lugar de fala específico:

---

[12] David Clarence McClelland (1917-1998): psicólogo americano, professor de Harvard, pesquisador por 30 anos. Considerado um especialista em motivação, desenvolveu a Teoria da Motivação de Realização.

de um lugar no qual toma como uma das referências centrais a ciência da educação, em articulação interdisciplinar com outras ciências. Um lugar de fala de quem estuda, acredita e tem a intenção de viver e praticar a parentalidade, pessoal como mãe e profissionalmente, de maneira consciente, contingente e competente (SIEGEL, 2004).

No exercício pessoal constante de inventário dos pilares de minha competência como Educadora Parental, dou crédito especialmente à abordagem da *neurobiologia interpessoal*, para a mudança na educação dos filhos. Esta abordagem foi sistematizada por um neurocientista e médico e uma professora de educação infantil, durante mais de uma década de pesquisas e aplicação prática: Daniel Siegel, cientista, neuropediatra e psiquiatra americano, reconhecido internacionalmente; Mary Hartzel, especialista em educação infantil e mestre em Educação e Psicologia.

Associados a esta perspectiva, no meu inventário, incluo os princípios, práticas e ferramentas de abordagens parentais consonantes, que dialogam entre si, como a disciplina positiva, o coaching familiar e parental, o mindfulness, e a comunicação não violenta, por exemplo. Sobre estes referenciais, falaremos mais detalhadamente nos capítulos 3 e 4, Leste e Oeste, ao abordarmos as linhas de referência e organização do trabalho.

Articulando os estudos científicos de Perrenoud sobre competências e a abordagem da neurobiologia interpessoal para a parentalidade, propostos por Siegel e Hartzell, voltemos à questão que não quer calar: quais as competências do Educador Parental?

Acredito que há um mapa de referência para as competências básicas do educador parental, embora creia que haja especificidades de acordo com o propósito, trajetória do profissional e dos objetivos e perfil das famílias. Pratique seu exercício pessoal de autorreflexão e elaboração própria.

> Para você, qual é a principal competência do Educador Parental?

> Elenque as competências que você acredita que o Educador Parental precisa ter.

Complementando o seu exercício, apresento o meu exercício pessoal. Em consonância com o momento histórico em que estamos vivendo na parentalidade profissional, acredito que as competências do Educador Parental se constituem no auxílio aos pais e às comunidades educativas[13] nos seus processos de aprendizagem pela busca do autoconhecimento e

---

[13] Comunidade educativa, diferentemente de comunidade escolar, é um conceito cultivado na prática nas Escolas de Infância de Reggio Emilia e San Miniato, na Itália, nas quais tive o privilégio de estagiar e muito aprender por 4 ocasiões.

de relações interpessoais compassivas. Esta competência é construída a partir de uma visão interdisciplinar na busca de aplicabilidade prática, resultante da convergência entre campos independentes de conhecimento.

Philippe Meirieu, grande educador de reconhecimento internacional, faz um grande questionamento às sociedades sobre as metodologias educacionais, através de seu livro: *Aprender sim... mas como?*

Assim como Meirieu, acredito que a educação vai além da transmissão de informações ou orientações ensinadas tradicionalmente, exigindo amplas competências. Desta forma, se faz pertinente pensar a Educação Parental como inerente à educação, processo importante da atividade humana atrelada a teorias socioculturais e de desenvolvimento neuropsicológico.

Ao acolhermos este princípio de educação, educar envolve a competência de criar contextos que levem o outro a aprender, por meio de um processo cognitivo, conectando suas emoções, seus pensamentos e suas ações, como nos indicam os referenciais das ciências da educação e da saúde, bem como de abordagens de educação parental contemporâneos.

Estes saberes já eram defendidos pelo educador brasileiro, Paulo Freire[14], para o qual:

---

14 Paulo Freire (1921 – 1997) foi um educador e filósofo brasileiro, considerado internacionalmente como um dos pensadores mais notáveis na história da pedagogia mundial, sendo influência marcante no movimento chamado pedagogia crítica. Paulo Freire dá nome a uma das salas de aprendizagem da Escola da Ponte em Portugal e também a uma Escola de Infância, em Reggio Emília, na Itália.

> *A prática educativa envolve afeto, emoção, capacidade científica, domínio técnico a serviço da mudança e da construção real da cidadania.*
>
> *(...) não é transferir conhecimento, mas criar as possibilidades para a sua própria produção ou a sua construção (FREIRE: 1996).*

Educar, entendido como um processo mais amplo do que ensinar, também está presente nas metodologias ativas de aprendizagem, altamente difundidas atualmente e que já orbitavam fortemente no campo da ciência da educação na década de 90. Nestas teorias e propostas metodológicas contemporâneas, o ensinar, o instruir e o orientar são deslocados do seu lugar de destaque e dão lugar a educar, explorar, estimular e encorajar. Os recentes estudos da neurociência aplicados à educação, em especial sobre a motivação para a aprendizagem, entre outros, confirmam que a relação de educar não se reduz a uma relação hierárquica entre uma pessoa que ensina ou transmite o que sabe a outra pessoa que, supostamente, não sabe.

Educar vai muito além! Educar significa criar contextos de aprendizagem. Criar contexto de aprendizagem implica em ter clareza de propósito, planejar situações, organizar estratégias e selecionar recursos e ferramentas que, em conjunto, irão permitir que o outro observe, reflita, compare, sinta, pense e desenvolva novas habilidades e competências, ou seja, aprenda. Quem não se lembra de um professor que sabia muito do conteúdo da sua disciplina, mas era mais conhecido por não saber ensinar o que sabia?

Este posicionamento está respaldado pelas teorias e também pelas investigações de campo que tenho feito em atividade profissional. Segundo Pedro Demo (2002), o lugar da pesquisa pode e deve ser ampliado, indo além dos rituais especiais comuns nos cenários acadêmicos, e sendo aplicada como princípio educativo para coleta de dados e informações que possam instrumentalizar os educadores e sinalizar pistas importantes para suas atividades.

Em 2022, desenvolvi o Programa de Educação Parental "Gerações em Conexão" para aproximadamente 500 famílias. Motivada pelo princípio investigativo presente na minha prática educativa, uma das estratégias que uso em meus serviços e produtos é a aplicação de um questionário de reconhecimento do público e de identificação das necessidades dos participantes. Esses materiais também têm se constituído numa fonte de dados e informações que fomenta a ação de outros profissionais, pois as compartilho com outras educadoras, além de pautar como referências em meus programas de mentoria para que possamos agir em consonância com as reais demandas das famílias.

Há um tempinho, meu filho Antônio estava *viajando pelas águas da química na escola* e necessitava de auxílio para aprender um conteúdo. Eis que ele se aproxima de mim e diz que estava numa encruzilhada, pois o seu pai sabia muito de química e não sabia ensinar e eu, sua mãe, sabia muito de ensinar, mas não sabia nada de química. Então eu lhe perguntei: *e quem é a pessoa que pode te ajudar porque sabe de química e sabe ensinar química?* Seu educador foi à resposta! Com este exemplo, acredito estarmos alinhados sobre as possíveis representações sobre Educação.

Cabe agora um rápido alinhamento sobre a parentalidade. O termo parentalidade origina-se da conjunção das palavras "parental" + "idade" e era, até recentemente, mais usado no cenário jurídico ao tratar das questões legais que dizem respeito ao ato de responsabilizar-se pela educação, proteção e cuidado de crianças e adolescentes; o ato de assumir o papel de pai ou de mãe de outra pessoa com menos de 18 anos. Mais recentemente, o termo tem recebido uma ampliação de significado e tem sido usado também nas áreas da educação, da saúde mental, da pediatria e neurologia pediátrica, por exemplo. Muito disso se deve ao fato de traduções de livros sobre a educação dos filhos, onde o termo inglês *parenting* (paternidade) se destaca.

Feitos alinhamentos teóricos e conceituais, vamos a um exercício prático para você se conectar com suas competências, sua bagagem de Educador Parental, voltando, para isso, à nossa Bússola e à metáfora da viagem.

Se entendemos que a competência é o conjunto de conhecimentos, habilidades e atitudes, o CHA, você vai, então, fazer um inventário de sua bagagem.

- Kit completo: competências.
- Malas: os conhecimentos.
- Mochila: as habilidades.
- Bolsa: as atitudes.

Para isso revise seu mapa dos caminhos percorridos. Lá está a fonte do seu tesouro. Não apenas nas certificações que fez, mas em todas as marcas que você construiu ao longo de sua história de vida.

O QUE VOCÊ ESTÁ LEVANDO NA MALA? QUAIS SÃO SEUS CONHECIMENTOS?

Em linhas gerais, os conhecimentos são todas as informações, os conceitos e os saberes que você aprendeu. Estes saberes são adquiridos de maneira assistemática, sistemática, formal ou informal, por exemplo, por meio de aulas, cursos, grupos de estudo, experiências, estudos independentes, leituras, entre outras formas. Esses conhecimentos se agrupam em factuais e conceituais, procedimentais, atitudinais e relacionais.

Alguns exemplos para ilustrar e esclarecer:

Factuais – como educadores parentais sabemos que pais e mães enfrentam desafios importantes na educação dos filhos. São fatos que vemos, inclusive, nas notícias.

Conceitual – O que é educação? O que é parentalidade? O que é competência?

Procedimentais – organização e planejamento de sessões de atendimento; planejamento de workshop para pais; precificação do meu atendimento.

Atitudinais – Como ser empático com os pais? A empatia, ao mesmo tempo que é um conhecimento conceitual, é também atitudinal. Saber o que é e como praticar a empatia é um conhecimento importante no trabalho.

Relacionais – quais aspectos são relevantes para ter conexão com os pais como educadora parental?

Esses foram apenas alguns exemplos que trouxe para que fique mais claro o que são os conhecimentos e para que você possa agora fazer um levantamento mais preciso sobre os seus conhecimentos.

Para iniciar, revise os exercícios que fez anteriormente e explore seus documentos de viagens registrados no Norte: seu passaporte, seu mapa. Revisite também seus certificados, os livros que leu... Garimpe na sua história, os indícios que irão lhe conectar aos conhecimentos que você tem. Lembre-se: não precisa listar todos os cursos, todos os livros que leu, *todos os lugares por onde andou*, isso você já fez no Norte. Aqui você vai focar no que aprendeu, *o que trouxe na mala ao visitar estes lugares*. Feito isso, liste-os na mala. Escreva tudo o que você lembrar.

Se for necessário, aumente seu kit e coloque outras malas, dividindo como preferir.

**QUE PRECIOSIDADES TEM NA SUA MOCHILA?
QUAIS SÃO SUAS HABILIDADES?**

Por muito tempo habilidades eram entendidas como dons, aquilo que nascemos com aptidão para fazer. Hoje o conhecimento científico nos afirma que mesmo nascendo com estruturas inatas que impactam em nosso desenvolvimento, a inserção no mundo e a interação social nos permitem apreender habilidades. No livro *Mindset*, Carol Dweck mostra vários exemplos sobre isso. Uma habilidade pode envolver vários processos em conjunto: cognitivos, sensoriais e motores.

Recentemente, num dos eventos do **Programa de Capacitação Continuada** promovido pelo Clube Canguru para a comunidade profissional, a ministrante do workshop Cris Rayes, psicóloga, orientadora familiar e criadora do Programa de Orientação Familiar AMORES, nos propôs o uso de um recurso para identificação das habilidades e ressaltou que este exercício de reconhecer nossas habilidades tem se demonstrado bastante desafiador para os diferentes públicos – pais e mães, educadores, crianças e adolescentes –, pois estamos acostumados a focar na falta.

A partir dessa observação, tome o cuidado para não deixar que suas crenças e autossabotadores lhe embacem o olhar. Tenha um olhar compassivo consigo. Muitas vezes usamos o ser como balizador, e não nos permitimos dizer *"sou criativa"*, pois cremos **ser** arrogantes. Entenda habilidade como **estar** em condições de realizar alguma tarefa. Se ajudar, conduza-se pela frase: "Estou em condições de realizar x tarefa porque tenho capacidade de [...]".

Aqui também cabe o alerta feito para a mala dos conhecimentos. Não vem ao caso onde ou em que curso você desenvolveu determinada habilidade; revisite estes percursos apenas para evocar as memórias das habilidades que você tem desenvolvido. Por exemplo: sendo professora e feito carreira acadêmica, eu desenvolvi a habilidade para escrever textos. A habilidade é escrever textos com coerência ou escrita. Outro exemplo: fiz treinamento para ser capacitadora profissional e participei de um Concurso de Prenda[15], experiências com as

---

[15] Prenda: termo do vocabulário gaúcho. No concurso, realizado nos Centro de Tradições gaúchas, avalia-se as habilidades sociais, artísticas – cantar, dançar, declamar – e de comunicação, além de conhecimentos gerais.

quais aprendi a falar em público (segredinho: mesmo ficando ansiosa!). A habilidade aqui é falar em público ou comunicação.

Feitos todos os alertas, apresentadas todas as informações e exposto alguns exemplos, agora é a sua vez de colocar na sua mochila as suas habilidades:

Concluído este exercício, observe e registre como você se sente ao conectar suas habilidades frente aos caminhos da vida e da sua profissão. Caso tenha despertado um interesse em desenvolver alguma habilidade que avalia que ainda não tem, sugiro que registre também.

VOCÊ É UM VIAJANTE DE ATITUDE? QUAIS ATITUDES SÃO NECESSÁRIAS?

Antes de lhe propor que elenque suas atitudes, vou te contar mais uma das narrativas da minha vida. Desta vez sobre minha viagem pelo mundo materno, no qual colocamos em jogo a todo instante nossos conhecimentos, nossas habilidades e decisões parentais, com a mesma velocidade com que aprendemos novos saberes, fazeres e atitudes.

Quando meu filho tinha sete anos, viajei com ele para o litoral catarinense para visitar minha mãe e meu *"paidrasto"*. Num dia ensolarado e quente, decidimos fazer o passeio do Navio Pirata, atividade tão desejada e esperada pelo Antônio. Estávamos todos animados e, quando nos dirigimos ao embarcadouro onde estava o barco, Antônio colocou a mão na madeira do parapeito e foi picado no dedo por uma abelha. Não sei mensurar o intervalo de tempo entre o instante em que ele sentiu a picada e começou a chorar, até o momento da minha reação de colocar seu dedo na minha boca e sugar o ferrão do inseto. Lembro-me da expressão de surpresa de minha mãe paralisada me observando e de meu *"paidrasto"* comentar: *Isso é que é uma pessoa de atitude! E com instinto materno ativo!*

Passado o susto seguimos o passeio, pois tudo estava bem novamente. É óbvio que, após o evento, *a mulher de atitude* e com o dito *instinto materno* em estado de alerta, entrou numa tremedeira só, imaginando o que teria acontecido **se** eu não tivesse tomado aquela atitude, **se** meu filho tivesse tido uma reação alérgica como já havia ocorrido anteriormente. Todos tentavam me acalmar, inclusive meu filho. Aquele foi um momento marcante para eu passar a encarar a conjunção subordinativa condicional **SE** simplesmente como um acróstico para **S**omente **S**uposições que me levavam a pensamentos catastróficos, já que minha atitude evidenciava que eu havia agido comprometida e adequadamente. Neste episódio da abelha, é possível ilustrar a junção dos três ingredientes do CHA que me fez ter a competência para cuidar e proteger o meu filho: o conhecimento de que abelhas liberam ferrão e que meu filho era alérgico, a habilidade de focar em soluções e a atitude de reagir em situações desafiadoras, uma atitude que nem sempre me favorece, mas que neste caso foi assertiva.

Fica aqui uma dica de viagem, então: não se subordine ou postergue sua viagem pela Educação Parental Profissional pelo *SE eu tivesse feito isso* ou *QUANDO eu souber aquilo*, condicionando sua ação a uma situação ideal, ela provavelmente não existirá.

A definição de uma pessoa de atitude, no senso comum e que pode ser encontrada a apenas um clique, é alguém comprometida com seus propósitos, com uma causa, seja própria ou social, individual ou coletiva. As atitudes estão a serviço de uma competência e cumprem sua função para o alcance de um objetivo.

Definir atitude talvez seja bastante complexo, não acha? Eu confesso que, às vezes, confundo atitude com habilidade, até porque não tenho certeza se neste contexto aqui importa esta diferenciação. No dicionário *Oxford Languages*, atitude é descrita como *comportamento motivado por uma disposição interior, conduta, maneira de agir*; maneira como o corpo (humano ou animal) está posicionado: pose, posição, postura.

Para você destacar suas atitudes eu escolhi a bolsa. Poderia ter sido uma *nécessaire* ou uma carteira. A bolsa foi escolhida porque remete a uma atitude curiosa da falecida Rainha Elizabeth da Inglaterra. Você deve ter percebido que, na grande maioria das fotos, ela aparece portando uma bolsa em seu antebraço em todas as ocasiões, inclusive "em casa", no interior dos seus palácios. Esta atitude era um código de comunicação com seus funcionários. Quando ela trocava a bolsa de braço durante uma conversa, estava comunicando a sua equipe que gostaria de encerrar a conversa com a pessoa com quem estava interagindo. Quando estava sentada, sua bolsa ficava no chão ao lado dos seus pés, se pegasse a bolsa, estava comunicando aos seus assessores que deveriam se dirigir ao convidado para conduzi-lo para a saída. O que esta atitude pitoresca nos mostra? Nos mostra que uma atitude revela uma intenção, um objetivo. Podemos presumir, que no caso da Rainha Elizabeth, sua intenção com a atitude da bolsa era de encerrar a conversa sem, com isso, se expor tendo uma postura indelicada.

Então, após exemplos e definições, retome seu sonho, seu propósito, seu objetivo, sua meta, traçados no capítulo Norte, e coloque na sua bolsa as atitudes que você costuma ter e as atitudes que você acredita conseguir ter para atingir seus propósitos:

Talvez não tenha sido fácil para você listar suas habilidades e suas atitudes. Pois realmente é um desafio olhar para dentro, perceber nossas forças e nossas fragilidades.

Caso você esteja travando nisto, sugiro que dê uma revisada nos registros de imersões, cursos, capacitações, consultoria ou mentoria, nos quais provavelmente você realizou ou vivenciou alguma ferramenta que auxiliou no seu autoconhecimento. Algumas ferramentas conhecidas no nosso meio são DISC, Profiler, Eneagrama, Top Card, VIA ME, Linguagens do Amor, Perfis de Comunicação, entre outros. Verifique em seus materiais, independente da abordagem.

O objetivo aqui é que você evidencie suas forças, acolha suas fragilidades e não se prenda em pensamentos automáticos, distorções, crenças e sabotadores. Também não é relevante neste momento, saber se a ferramenta ou técnica focava em temperamento, personalidade, levantamento de esquemas desadaptativos.

Em uma passagem do livro *O Pequeno Príncipe* (*Saint-Exupéry*), o menino afirma: *a minha história é cheia de verdades, porque traz valores importantes para mim e para a humanidade.* Após revisar sua bagagem, observe e registre o que você sente ao se conectar com sua história, com suas forças, fragilidades, conhecimentos, habilidades e decisões.

DECIDINDO UM DESTINO COM SUA RICA BAGAGEM?

ESBOÇANDO UM PROJETO DE SERVIÇO OU PRODUTO

Qual será o destino? Em primeiro lugar, a resposta é para todos os lugares. Todas as possibilidades! Porém vou reproduzir o que digo sempre para as mães que atendo e para as Educadoras Parentais das quais sou mentora:

- *Escolha um destino e dedique-se a ele!*

É fundamental cuidar para não fazer como muitas pessoas fazem nas tendas dos parques de diversões onde você pode ganhar um bicho de pelúcia se acertar o alvo. Ao nos encantarmos com todos os bichinhos expostos, atiramos para todos os lados e não acertamos nenhum. Eu fiz muito isso! Queria fazer muitas coisas, tinha muitas ideias, mas acabava tendo muitas iniciativas e poucas *"acabativas"*.

É possível mudar este padrão? Sim! Eu consegui, você também conseguirá. Sabe como aprendi a mudar este padrão mental? Com meu filho, num parque de diversões. Ao passarmos por uma banca onde havia uma infinidade de *Minions*, aqueles personagens da animação *Meu Malvado Favorito*, Antônio apontou para um deles e disse: *Mãe, pega aquele para mim, por favor!* Claro que eu respondi reativamente: *Antônio, são todos a mesma cara, sinta-se satisfeito se eu conseguir pegar qualquer um, meu filho.* Então, eis que vem a aprendizagem, para não dizer, o tapa com luvas de pelica[16]: *Não, mãe! Tem que decidir o que quer e se esforçar. Se você mirar, focar e se concentrar, você vai conseguir!* Com todo este encorajamento eu assumi a autorresponsabilidade, me senti capaz e comprometida e, é óbvio, que voltamos para casa com o amarelinho *Minion* embaixo do braço. Importante destacar que eu nunca havia pegado numa arma (e nem pretendia!) e eu tenho pequenas limitações motoras o que me dificulta fechar um olho e manter o outro aberto para focar na lente da mira.

---

[16] Expressão popular para uma resposta delicada e elegante para revidar a uma pergunta ou fala deselegante.

A exemplo da lição que eu aprendi com meu filho, quando enfrentei minhas limitações e cheguei ao objetivo, abaixo eu proponho um exercício no qual você irá se colocar frente a frente com suas forças e limitações, e fazer o roteiro de uma viagem, ou seja, decidir o serviço ou o produto em que vai focar agora. É agora, enquanto desvenda essa bússola, que tem o propósito de te colocar em ação e não o de ficar como mais um livro lido, acumulando poeira na sua estante ou provocando a tal "obesidade cerebral", tão comentada atualmente.

Vamos a um treino de viagem? Imagine-se viajando para a Itália em pleno verão europeu. Você precisa selecionar o que irá levar, certo? É isso que faremos agora. Siga os passos abaixo e coloque-se em ação:

1. Leia a lista de conhecimentos em sua mala e circule aquele saber com o qual você se sente mais segura, aquele que você se sente com mais domínio para explorar. Pode ser, por exemplo, rotinas, autorregulação, mindfulness, limites, entre outros. Eu selecionei na minha mala a neurociência do desenvolvimento.

2. A seguir, verifique em sua mochila quais são suas habilidades e selecione uma delas. Você pode ter escolhido escrever; falar em público; criar materiais criativos. Eu selecionei falar em público.

3. Selecionados um conhecimento e uma habilidade, ou seja, algo que você domina e algo que você sabe fazer; é hora da decisão. O que você decide:

A. Decide preencher mais um pouquinho sua mala pelos caminhos dos cursos?

B. Decide se arriscar e escolher um destino para efetivamente viajar como educadora parental?

Se sua resposta foi Sim para a pergunta A, recomendo que pule do trem e refaça a viagem ao Norte. Mas como eu tenho absoluta certeza que você respondeu Não para a questão A e sim para a questão B, decida qual atitude você precisa tomar para disseminar, espalhar e compartilhar a sua contribuição para pais e mães que muito podem aprender com o seu trabalho. Digamos que você decidiu que você quer orientar mães para não pirarem com a rotina, por exemplo. No meu caso, eu decidi sensibilizar pais céticos, que acreditam que o bater é uma ação educativa.

4. Tendo destacado um conhecimento, uma habilidade e uma atitude, você acabou de montar uma excelente bagagem para uma viagem. Agora já dá para saber qual viagem você pode fazer, porque sua bagagem te dá condições de descobrir seu C.H.A. (competência, conceito apresentado anteriormente).

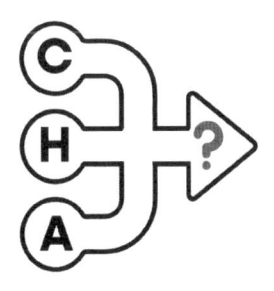

Para demonstrar o exercício, eu vou usar o meu exemplo pessoal com o C.H.A. que surgirá na minha seleção, e você vai praticando, em paralelo, com seus registros. Vejamos:

C (conhecimento) – neurociência;

H (habilidade) – falar em público;

A (atitude) – sensibilizar pais céticos.

Este conjunto de conhecimentos, habilidades e atitudes, associadas a outras que estão em minha bagagem, compõem uma competência, ou seja, me embasam para buscar uma alternativa para realizar meu propósito. Com o meu C.H.A acima, por exemplo, tenho competência para informar pais sobre como se dá o desenvolvimento do cérebro das crianças e adolescentes e como os pais podem contribuir com este processo.

Você consegue registrar a competência formada por seu C.H.A? Vejamos melhor isso no próximo passo.

5. Utilizando estas informações se permita JOGAR com estas possibilidades. Vou preencher com o meu exemplo para você modelar e fazer o seu. A partir do C.H.A., este conjunto de conhecimentos, habilidades e atitudes que você já tem, escolha como se colocar em ação, usando o quadro abaixo:

CHA				
Auxiliar famílias a lidar com seus desafios na educação dos filhos, sem impor soluções, resultando em encorajamento para autoconsciência e autorresponsabilidade			Público-alvo Nicho	Serviço/ Evento
Conhecimento/ Assunto	Habilidades	Atitudes/ Ações		
Neurociência: motivação Desenvolvimento do cérebro Teorias de aprendizagem	Falar em público	Persuasão Sensibilizar e informar porque bater não educa	Pais e mães com filhos em todas as idades	Workshop E-book

- A primeira coluna é dos conhecimentos;
- A segunda coluna será dedicada a transcrever as suas habilidades;
- Na terceira coluna teremos o espaço das atitudes das habilidades;
- A quarta coluna será para o público-alvo, o nicho que você elegeu;

• Na quinta e última coluna você irá listar os tipos de serviços e produtos demonstrados anteriormente. Você pode colocar outros.

Se você aceitou jogar com as possibilidades do exercício no quadro, você teve a oportunidade de visualizar o quanto você já está em condições de se colocar a serviço do seu propósito e de seu negócio. Veja alguns exemplos de serviços e produtos desenvolvidos por minhas mentorandas a partir deste exercício:

Curso para mães atípicas: Como imprimir uma rotina organizativa e flexível para famílias com filhos com autismo?

• *Packs* de recursos para as mães organizarem a rotina com crianças até 8 anos.

• Grupo de leitura com estudo de livros que abordam os impactos das marcas de infância das mães em sua maternidade.

• Construção de programa de atendimento em Educação Parental para pais de pacientes de psicologia em paralelo ao processo de psicoterapia, diferente das sessões de orientação.

• Workshop para casais: como ajustar os valores e necessidades entre pai e mãe para o alinhamento na educação dos filhos?

• Programa de Educação Parental Escolar para levar aos pais e crianças prevenção ao abuso e exploração infantil com uso do livro de autoria da Educadora Parental.

- Mentoria para mães com filhos em idade escolar: como auxiliar os filhos na vida escolar para construção da autonomia e responsabilidade?
- Workshop: como ajustar o uso das telas e as das tecnologias na rotina familiar?
- Rodas de conversa com pais e professores em escolas infantis sobre habilidades socioemocionais com suporte e divulgação de livro que sou coautora: Habilidades Socioemocionais na Primeira Infância, com coordenação editorial de Ivana Moreira.

Ao encerrar este capítulo aprecie o sabor de seu CHA, este conjunto de conhecimentos, habilidades e atitudes, que permitirão que muitos pais e mães bebam destas oportunidades maravilhosas para o desenvolvimento de novas habilidades parentais. Talvez você esteja pensando: mas há habilidades que eu não tenho e que são necessárias no serviço ou produto que eu quero criar? Como resolver esta questão é o que veremos no capítulo 3 – Leste, linhas de referências teórico-práticas e ligações estratégicas. Sigamos nossa viagem!

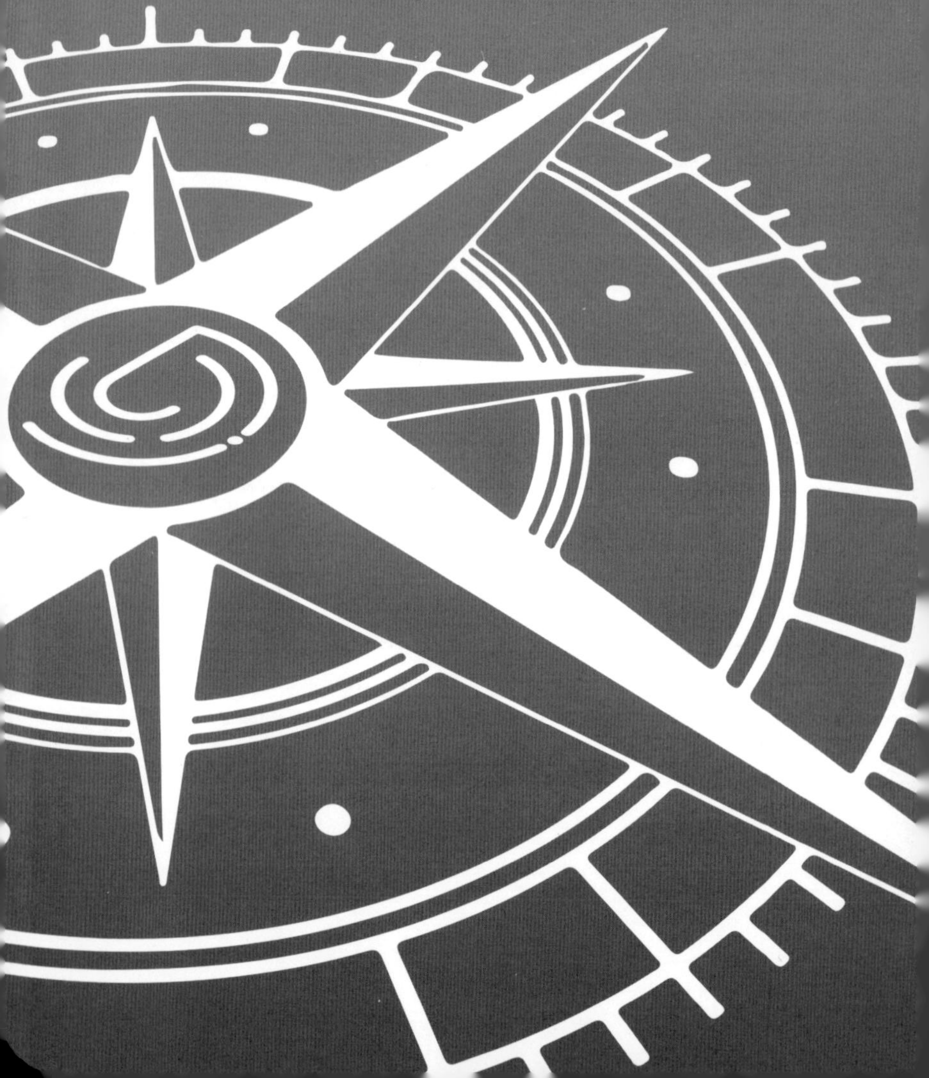

LESTE

**LINHAS DE REFERÊNCIAS TEÓRICO-PRÁTICAS
E LIGAÇÕES ESTRATÉGICAS**

Além do oeste, o sol;

além do leste, o mar;

e, entre estes,

a sede que não me deixa sossegar.

Gerald Gould

COMO ESTÁ PERCORRENDO SUA VIAGEM PELA BÚSSOLA PARENTAL?

Sozinho ou BEM acompanhado? Posso apostar que bem acompanhado, pois você tem as potencialidades de sua história como base, as competências construídas a partir do seu C.H.A. como possibilidades, e já tem nos serviços e produtos as oportunidades pelas quais pode empreender na sua carreira em Educação Parental.

Nos capítulos anteriores, Norte e Sul, propus a você uma viagem de dentro para fora. Você foi convidado(a) a se conectar com sua história e com suas competências (construídas até o momento). A partir de agora, no Leste, você vai entender dois princípios fundamentais da nossa profissão: interdisciplinaridade e multidisciplinaridade. Vamos visitar dois pontos turísticos, ou talvez possamos chamar de estrela-guia, que não podem ficar fora do nosso roteiro de viagem:

• Linhas de referência teórico-práticas da Educação Parental;

• Ligações estratégicas que você, enquanto Educador Parental, pode estabelecer com outros profissionais da área e de outras áreas.

DE ONDE VEM OS ITENS DE SUA BAGAGEM?

AS ORIGENS DOS CONHECIMENTOS DA EDUCAÇÃO PARENTAL

> *Devemos contextualizar cada acontecimento, pois as coisas não acontecem separadamente. Os átomos surgidos nos primeiros segundos do Universo têm relação com cada um de nós.* Edgar Morin

Você tem consciência de que dispõe como companheiras de viagem todas as descobertas da humanidade ao longo de sua evolução? Aos resultados destas descobertas damos o nome de ciência, a qual tem seu início na criação de técnicas de coleta de alimentos da natureza, da caça, de fazer o fogo, mesmo antes de termos as narrativas e os registros históricos. A ciência é um conceito complexo e com interpretações variadas e também discordantes. Porém, para a apresentação dos campos do conhecimento e dos conceitos, procedimentos e práticas atitudinais e relacionais nas quais o educador parental se apoia, vamos utilizar o conceito genérico apresentado nos dicionários:

CIÊNCIA:
Conhecimento atento e aprofundado de algo.
Corpo de conhecimentos sistematizados adquiridos via observação, identificação, pesquisa e explicação de

> *determinadas categorias de fenômenos e fatos, e formulados metódica e racionalmente. (Oxford language, 2023)*

Acompanhados por este conceito, sigamos nossa viagem pelas lições provenientes das regiões próximas à *terra do sol nascente*. Além do astro Sol que ilumina os nossos dias, o Leste nos brinda com os grandes ensinamentos de uma legião de mestres orientais.

Como curiosidade, o costume de beber chá, infusão de folhas na água fervida e originário dos países asiáticos, foi trazido para a Europa pelos holandeses e foi difundido nos países ocidentais pelos britânicos. Há várias lendas japonesas, indianas e chinesas que falam da origem do chá. *Oficialmente* atribui-se a origem do chá à China, a partir da descoberta acidental realizada pelo imperador Shen-Nung, enquanto fervia água à sombra de uma árvore e caiam folhas silvestres. A partir de então, o imperador estimulou o cultivo do chá de maneira sistemática.

Os gregos deram continuidade no estudo sobre as ervas, dando origem à botânica, um ramo específico da biologia. Mais tarde, surge a fitoterapia, que segundo a ANVISA[17] refere-se ao emprego de plantas para uso medicinal em diferentes formas farmacêuticas. Como é possível observar, o chá fez uma longa viagem para chegar até nossas xícaras na

---

[17] ANVISA – Agência Nacional de Vigilância Sanitária

atualidade, tendo percorrido caminhos diversos e a partir da exploração e pesquisa feitas por diferentes povos e com diferentes visões e intenções.

Neste recorte de curiosidade histórico-cultural ilustra como se dá a relação e contextualização da nossa atuação, enquanto Educadores Parentais, e os diferentes campos do saber que lhe dão sustentação. Vejamos: o exercício da Educação Parental, como o próprio nome indica, está vinculado à área da educação, que por sua vez está embasado em diferentes campos do saber como às ciências humanas, às ciências da saúde, às ciências biológicas. Sendo assim, a Educação Parental utiliza-se de múltiplos conhecimentos que estão em diferentes campos da ciência.

Ao mesmo tempo em que esta amplitude representa um arcabouço robusto de conhecimento, a gama de referências pode deixar os profissionais e as famílias – público final deste serviço – confusos e perdidos. Já li e ouvi muitas falas reveladoras desta confusão como, por exemplo:

Se eu usar mais de uma referência não estou fazendo uma salada de frutas ou uma colcha de retalhos?

Talvez! E acrescentando a isso, me permito lembrar que uma colcha de retalhos tecida com pequenos pedaços de tecidos ou fios, carinhosamente escolhidos, pode ser tão linda quanto um *cobre leito* feito por apenas um tecido nobre, mas que tem apenas uma matiz de cor e uma textura. Poderia também dizer que uma salada de fruta sendo preparada com a criteriosa seleção de frutas da estação, e que combinam entre si, promove uma incomparável explosão de sabores ao ser degustado. Ah! Só para constar: melancia com leite não faz mal – é mito!

Então, a seguir vamos visitar os matizes e os sabores que estão compondo a nossa profissão, a fim de desfazer alguns mitos e objeções.

QUE VIAGENS E VIAJANTES LHE INSPIRAM?

LINHAS DE REFERÊNCIA TEÓRICO-PRÁTICAS

Por que apresentar linhas de referências teórico-práticas que embasam as competências e o ofício do Educador Parental? Elas já não estão intrínsecas no trabalho bem como no cerne dos cursos de formação e certificação?

Provavelmente sim! Talvez se torne redundante para alguns. Acredito, porém, que este ponto merecerá sempre uma discussão ampla, para que os profissionais da Educação Parental possam ter clareza sobre seus referenciais. Um referencial que está em construção em paralelo com o desenvolvimento da própria profissão. De um lado, acredito que já há um referencial científico amplo e generalista, compartilhado por todos os profissionais da área. Por outro lado, de acordo com o perfil pessoal, a história de vida e as formações de cada um e seus objetivos, há uma gama diversa e específica de referenciais para que os profissionais possam viver seu propósito por meio de uma prática autoral. A Educação Parental atende demandas familiares que até então não eram contempladas por profissões já existentes, focando prioritariamente no desenvolvimento de habilidades e autorreflexão das atitudes de pais e mães, para que estes construam suas competências parentais.

> *O estudo do conhecimento passado deve acontecer, mas, com um porém, quando o cientista se reportar ao contexto científico de qualquer época, deve analisá-lo com os olhos da ciência atual. (Bachelard, 1996)*

Em consonância com esta citação, auxiliar aos pais e às comunidades educativas[18] nos seus processos de aprendizagem pela busca do autoconhecimento e de relações interpessoais compassivas, é, sem dúvida, um dos grandes papéis dos educadores parentais. As competências e a atuação do Educador Parental, portanto, se constituem a partir de uma visão interdisciplinar na busca de aplicabilidade prática, resultante da convergência entre campos independentes.

---

[18] Comunidade educativa, diferentemente de comunidade escolar, é um conceito cultivado na prática nas Escolas de Infância de Reggio Emília e San Miniato, na Itália, nas quais tive o privilégio de estagiar e muito aprender por 4 ocasiões.

Segundo Daniel Siegel (2014), *qualquer abordagem isolada para entender tudo isso é limitada* e, segundo o autor, *a experiência ou perspectiva de uma pessoa isoladamente só pode revelar parte da realidade maior*. Citando o biólogo E. O. Wilson, e sua teoria sobre a unidade do conhecimento, Siegel salienta que a ciência evoluirá exponencialmente quando se desenvolver a partir de uma abordagem interdisciplinar, pouco vista nos meios acadêmicos devido à separação entre as disciplinas, enfim, as científicas.

Nesta perspectiva, faz sentido fazermos uma ampliação de rota na exploração da Bússola Parental e visitarmos a estação na qual vislumbramos a linda paisagem que revela a relação com alguns importantes estudos de diferentes campos da ciência e a nossa profissão, numa espécie de revisão literária.

A revisão se deu a partir da investigação das referências bibliográficas presentes em minhas formações e certificações pessoais, assim como da trajetória formativa de minhas mentorandas, e de estudos diversos sobre parentalidade. Também foram empregadas nesta incursão, às competências desenvolvidas em minha experiência como pedagoga, pesquisadora educacional e professora de metodologia científica e do ensino. Nesta busca, estive apoiada nos autores da epistemologia da aprendizagem e de metodologias ativas da aprendizagem, tais como Meirieu, Perrenoud, Morin, entre outros.

Nesta viagem pelo mundo da literatura científica, ainda em percurso, tem sido possível identificar alguns referenciais básicos para a atuação profissional em Parentalidade. Para tornar mais didático e simplificado este mapeamento, utilizei a base de categorização do CNPQ[19]. Uma base que nos permite identificar as relações da EDUCAÇÃO PARENTAL com os campos do conhecimento, áreas e teorias, cursos de formação das profissões correlacionadas:

ÁREA DO CONHECIMENTO CENTRAL

Ciências Humanas, nas quais se encontram as seguintes ciências humanas aplicadas e relacionadas com a parentalidade: Educação; Psicologia[20]; E também: Filosofia; Sociologia; Antropologia; Outros.

Optou-se por denominar como CENTRAL aquelas de onde mais se originam as pesquisas e teorias que estudamos e citamos em nosso trabalho, a exemplo da listagem das Referências Bibliográficas deste livro.

---

[19] CNPQ – Conselho Nacional de Desenvolvimento Científico e Tecnológico. Missão: Fomentar a Ciência, Tecnologia e Inovação e atuar na formulação de suas políticas, contribuindo para o avanço das fronteiras do conhecimento, o desenvolvimento sustentável e a soberania nacional (www.gov.br).

[20] Leia: *O curso de Psicologia é da área de Humanas ou Saúde?* https://blog.fps.edu.br/psicologia-e-de-humanas-ou-saude.

ÁREAS DO CONHECIMENTO ASSOCIADAS

Ciências sociais associadas e interligadas, em destaque para as seguintes ciências aplicadas: Direito (de família); Demografia: Nupcialidade e Família (casamento e divórcio; família e reprodução); Política Pública e População (políticas de planejamento familiar); Serviço Social: aplicado; do menor; da educação; da saúde; Outros.

Ciências da Saúde: Medicina; Clínica Médica; Pediatria; Neurologia; Saúde Materno Infantil; Psiquiatria; Enfermagem; Fonoaudiologia; Terapia Ocupacional; Psicologia[21]; Outros.

Ciências Biológicas: Neurofisiologia; Neurociência aplicada; Neuropsicofarmacologia; Outros.

Como é possível perceber, a Educação Parental bebe da fonte de várias áreas do conhecimento **e pode e deve fazer conexões com outras profissões**, sem alimentar a crença que deve dar conta de tudo. Destas diferentes áreas do conhecimento, há inúmeras **teorias** do desenvolvimento humano, da aprendizagem, que são referências para a Educação de Crianças e Adolescentes.

Aqui estão exemplos de algumas que estão mais evidentes nos movimentos dos Educadores Parentais: teoria do apego

---

[21] A Resolução nº 218/97 do Conselho Nacional de Saúde reconhece a Psicologia como profissão da área da Saúde; embora no CNPQ esteja apenas na área das Ciências Humanas.

(John Bowby); teoria neurobiológica interpessoal (Daniel Siegel); teoria individual social positiva (Alfred Adler e Rudolf Dreikurs); teorias das múltiplas inteligências (Howard Gardner) e da inteligência emocional (Daniel Goleman); teoria Gestalt da percepção humana (Frederick Salomon Perls); psicologia Positiva (Martin Seligman); teoria comportamental cognitiva (Aaron T. Beck); teoria integrativa do esquema (Jeffrey Young); teoria da motivação (Abrahan Maslow); teoria humanista (Carl Rogers); teoria autopoiética (Humberto Maturana); teorias psicanalistas (Freud, Young, Winnicot,...) teoria da autodeterminação (Richard Ryan); teoria polivagal (Stephen Porges), entre outros. Uau!!! Viagem para uma vida, não?

Calma! Relaxe! Trata-se apenas de uma listagem para ampliarmos o olhar e vermos o todo. Fique à vontade para listar as que conhece e relaciona com a educação parental!

Continue lendo e viajando nesta revisão.

Ao trazer essas referências, reforço que isto não significa que você deva estudar todas estas teorias ou ser um especialista em todas estas áreas do conhecimento. Muito pelo contrário. Eu estaria sendo incoerente ao que preconizo no início deste livro quando propus reflexões para que você não continuasse *caindo na armadilha do conhecimento* pelo conhecimento. Quando viajarmos pelas ligações estratégicas, ainda neste capítulo, ficará mais claro o quanto é improdutiva esta busca incessante e ilusória por saber tudo! Por outro lado, acredito também que não beneficia o propósito da Educação Parental termos uma visão restritiva sob um único ponto de vista, sem pelo menos ter o entendimento que há mais de uma perspectiva.

Para aprofundamento **da referência que faz sentido para você**, sugiro que revise os materiais de suas formações em Educação Parental relacionadas à parentalidade e educação de filhos. Por exemplo, tendo percorrido pessoalmente a viagem que você fizesse no Norte e no Sul para construir uma percepção ampla de minha trajetória autoral, a teoria da neurobiologia interpessoal de Daniel Siegel (2014), a teoria do apego de John Bowby (2002) e o princípio do encorajamento sistematizado por Jane Nelsen (2008) e Lynn Lott (LOTT, 2019), constituem-se para mim referências básicas, associadas a outras, associados a um posicionamento filosófico holístico e sistêmico.

Com certeza, esta escolha pessoal não é proposta como a verdade ou como o único caminho. Neste momento de minha jornada são estes que fazem sentido para mim e é com eles que dialogo na vivência do meu propósito hoje. Mas continuo em movimento de busca, aprofundamento e entendimento, e, quando o que acredito não fizer sentido, farei como diz, repetidamente, a personagem *Dory*, da animação *Procurando Nemo*: *"Quando a vida te decepcionar, continue a nadar, continue a nadar, continue a nadar!"*

Sem um mapa que aponte as interrelações entre as fontes de nossos referenciais, corre-se o risco de cairmos em uma improdutiva disputa pelo reconhecimento da paternidade da profissão, se é da saúde, da psicologia, da educação, da área jurídica, da assistência social. A educação das crianças e adolescentes, a defesa de seus direitos, e a parentalidade, transitam e precisam da visão e ação interdisciplinares e multidisciplinares.

Vejo a Educação Parental como objeto de estudos e profissão novos, como já mencionei. Ela faz parte de uma *árvore genealógica* extensa, com muitas áreas do conhecimento e profissões fazendo parte dela, tornando a árvore mais frondosa e todas suas partes mais robustas.

E neste momento, já com nossa intimidade entre leitor e escritora, me permitam dar uma *viajada bem fora da caixa*. Repentinamente, ao trazer a metáfora da árvore, me vem à memória o autor do livro *A árvore do Conhecimento*, Humberto Maturana (1995), um neurobiólogo chileno o qual tive a honra de conhecer em 1999, durante o Mestrado. Usando o aforismo *"Todo fazer é conhecer e todo o conhecer é fazer"*, ele nos mostra que o conhecimento é um processo circular, que o fenômeno de conhecer gera a explicação do conhecer (Maturana & Varela, 1995: 258). Me aproprio do convite feito pelos autores aos leitores de seu livro, para tomar a liberdade de fazer aqui este mesmo convite:

> *"Sinta-se motivado a ver todo o seu fazer no mundo que produz – ver, saborear, preferir, rejeitar ou conversar – como produto dos mecanismos que descrevemos. Se conseguimos **seduzir o leitor a ver em si** a natureza desses fenômenos, este livro terá cumprido seu primeiro objetivo"*
> (Maturana & Varela, 1995: 258)

Após um breve sobrevoo pelos referenciais que têm auxiliado na construção de nossa profissão, esta ampliação de rota representa apenas um ponto de aterrissagem de emergência para que você não fique *"desbussolado"* para identificar, reconhecer e empregar o C.H.A, o conjunto sempre inacabado de conhecimentos, habilidades e atitudes que formam sua competência central como Educador Parental. Qual seja, em linhas gerais:

Criar, planejar e organizar contextos de aprendizagens para os pais e mães desenvolverem habilidades necessárias para criar seus filhos com competências parentais condizentes com a realidade, os desafios e as necessidades de seu contexto familiar.

Você concorda com esta frase? Este é o meu entendimento do que me compete como Educadora Parental. Que tal escrever a sua concepção?

COMPETÊNCIA DO EDUCADOR PARENTAL

QUEM LEVARÁ VOCÊ PARA ESTA VIAGEM?

SOBRE AS ABORDAGENS E CAPACITAÇÃO EM EDUCAÇÃO PARENTAL

> "O conhecimento do conhecimento compromete. Compromete-nos a tomar uma atitude de permanente vigilância contra a tentação da certeza, a reconhecer que nossas certezas não são provas da verdade, como se o mundo que cada um de nós vê, fosse o mundo, e não **um mundo, que produzimos com os outros**. Comprometemo-nos porque, ao saber que sabemos, não podemos negar o que sabemos".
> (Maturana & Varela, 1995)

Por estar lendo este livro, provavelmente você já é um profissional da Educação Parental ou está vislumbrando a possibilidade de encarar esta viagem igualmente desafiadora e enriquecedora. Ser Educador Parental é escolher uma profissão que oferece aos pais uma transformadora viagem com processos sistematizados de aprendizagens de novas competências e habilidades que a responsabilidade parental exige para que estes pais possam contribuir com o desenvolvimento integral dos filhos – cognitivo, físico, social e emocional.

Quando decidimos viajar, também precisamos tomar muitas outras decisões importantes. Decidir qual nossa intenção com a viagem: será de passeio, de estudo? Será rápida ou demorada? Será de exploração profunda de um lugar ou visita pelos pontos principais de vários lugares? Irei por conta própria ou irei por meio de uma agência? Viajarei sozinha ou em grupo com um guia?

Muito provavelmente você já realizou algum curso para se capacitar como Educador Parental, ou faz estudos autodidáticos, participa de grupos de estudo, de comunidades profissionais, realiza mentoria com profissionais experientes, entre outros caminhos que usamos para nos qualificar.

As formações profissionais no Brasil são regulamentadas, coordenadas e fiscalizadas pelo Sistema Educacional Brasileiro, por meio do Ministério da Educação – MEC, do Conselho Nacional de Educação – CEB, por meio de leis, resoluções e pareceres técnicos. Algumas profissões têm sua formação através de cursos superiores (como vemos na classificação do CNPQ), outras por outros caminhos.

Como vimos no capítulo 2 – no Sul – a Educação Parental não é uma profissão regulamentada[22] (Lei – Congresso Nacional) e nem reconhecida (CBO – Ministério do Trabalho) no Brasil. Vimos também que isso não é um empecilho para o exercício do *ofício*, desde que o profissional desenvolva as competências necessárias para o exercício da profissão, ou seja,

---

[22] Fonte: Agência Senado Para saber mais sobre regulamentação de profissões, acesse https://www12.senado.leg.br/noticias.

aprenda a colocar em prática os conhecimentos, as habilidades e as atitudes que o segmento do mercado de trabalho requer. O trabalho deve ser qualificado, ético, sem riscos à sociedade, e com respeito ao espaço de atuação das outras categorias profissionais imbricadas no desenvolvimento humano e educação.

No cenário atual, o exercício da Educação Parental Profissional se dá por aplicação de habilidades construídas em estudos autônomos e cursos propostos por empresas educacionais ou de treinamento profissional. Nos últimos anos, tem crescido a oferta destes espaços de capacitação. Os cursos para você investir no processo de aprendizagem das competências do Educador Parental e se capacitar ao ofício, atualmente, se classificam basicamente em:

Cursos livres – com ênfase na aquisição de conhecimentos e aptidões específicas para exercício de determinado ofício. A exemplo dos cursos nos quais a maioria tem realizado com emissão de certificados que comprovam sua capacitação;

Cursos de extensão universitária – cursos ofertados por instituições de Ensino Superior autorizadas, com cursos reconhecidos pelo MEC ou por empresas de treinamento em parceria com essas instituições. Nesta categoria, também podem ser oferecidos cursos promovidos por empresas de treinamento profissional em parceria com instituições de Ensino Superior que chancelam as capacitações daquelas empresas que efetivamente estruturam, oferecem e desenvolvem os cursos;

Cursos de pós-graduação *lato sensu* – cursos em nível de especialização ou aprimoramento, oferecidos por instituições de educação superior devidamente credenciadas, autorizadas e reconhecidas, atendendo aos dispositivos da resolução correspondente. Neste caso, também podem ser oferecidos cursos promovidos por empresas de treinamento profissional em parcerias com instituições de Ensino Superior que chancelam as capacitações daquelas empresas que efetivamente estruturam, oferecem e desenvolvem os cursos.

Todas estas possibilidades organizacionais são válidas e legais, dando ao profissional uma gama de possibilidades para a tomada de decisões. Frente a isto, conhecer os campos do conhecimento, as abordagens e também saber o que realmente você pretende e em que momento você está, proporciona mais clareza de critérios para para a escolha.

Além das opções estruturais e organizacionais oferecidas atualmente por diversas empresas, estas formações também se diferenciam por variadas abordagens. Abordagem compreendida como a visão que as empresas ou escolas de formação profissional têm a respeito do tema Parentalidade, visão ancorada nos campos do conhecimento e teorias exemplificadas anteriormente.

A abordagem é o caminho que a instituição formadora escolhe para conduzir o futuro Educador Parental em sua profissionalização e nela estão inclusos as teorias de referência, os princípios preconizados, a metodologia com orientações estratégicas, recursos e ferramentas. Algumas abordagens também apresentam os fundamentos e processos de posicionamento profissional para a prática da Educação Parental como negócio e empreendedorismo.

Para o presente trabalho, não se faz necessário nominar as instituições, pois são várias no Brasil. Seria uma longa viagem e eu correria o risco de esquecer de visitar alguma ou de descrevê-la de maneira que não as representassem de fato. Entretanto, cabe apresentar em nossa viagem de exploração da Bússola Parental as principais abordagens que são referências reconhecidas pela comunidade de Educadores Parentais, a fim de termos melhor contextualização no entendimento das linhas, teorias, abordagens e práticas em Educação Parental. A seleção destas abordagens se deu a partir de enquete realizada com centenas de educadoras, bem como das revisões literárias já citadas, resultando num mapeamento que nos revela a riqueza construída até o momento em Educação Parental, por todos e por cada um dos defensores da causa da Parentalidade.

Na revisão abaixo, compartilho as linhas gerais das principais abordagens que são referências de formação em Educação Parental Profissional no Brasil:

- **Parentalidade Consciente**

Tive a oportunidade de conhecer a Parentalidade Consciente pela condução de minha mentora e amiga, a psicóloga, coach e neuropsicóloga Iara Mastine, a qual se tornou a primeira facilitadora em Parentalidade Consciente no Brasil, por instituição portuguesa de formação, conduzida pela capacitadora sueca, radicada em Portugal, Mikaela Oven, também conhecida entre os educadores parentais brasileiros. Mastine esclarece que, nesta perspectiva:

> *A Parentalidade Consciente tem por base os princípios de Mindfulness: a atenção plena no momento presente, de forma não avaliativa e sem julgamentos. Esta atitude de autoaceitação proporciona uma nova perspectiva à nossa vida e à parentalidade. Hoje, em que a pressão para ser um pai ou mãe perfeitos é cada vez maior, e a crítica é cada vez mais comum, a Parentalidade Consciente surge precisamente como uma forma de vivenciar e educar consciente, mais alinhada com aquilo que são os seus valores.* (Mastine: 2021)

A abordagem **Parentalidade Consciente** é bastante divulgada no Brasil, a partir do reconhecido trabalho desenvolvido por Iara Mastine e por meio de seus cursos, das mentorias, dos livros e recursos de sua autoria, como o livro em coautoria *"Coaching para Pais"*, coordenado por ela em parceria juntamente com Maurício Sita e Lorraine Thomas. Lorraine Thomas, autora do livro *Mamãe Coach*, também é uma referência nesta abordagem, assim como na abordagem do Coaching Familiar, que veremos mais adiante.

Esta abordagem também é conhecida mundialmente por meio do trabalho pioneiro do neurocientista e neuropediatra americano Daniel Siegel, especialmente do best-seller *"Parenting from the inside out: how a deeper self-understanding can help you raise children who thrive"*, publicado em 2004. A tradução literal seria paternidade de dentro para fora, porém a obra chegou ao Brasil, sob o título em português *"Parentalidade Consciente: como o autoconhecimento nos ajuda a criar nossos filhos"* (2020). Neste livro, em coautoria com a educadora infantil Mary Hartzell, Siegel apresenta e desenvolve a abordagem científica da *neurobiologia interpessoal*.

Desde a publicação original do livro em 2004, estamos a quase duas décadas de início de uma abordagem inspirada pelas descobertas científicas sobre o apego seguro e a neurociência do desenvolvimento, articulando teorias e práticas resultantes de anos de estudo, pesquisas e práticas clínicas e educacionais, em especial teorias da neurobiologia e do apego seguro, integrando diferentes campos do saber.

Desenvolvida e denominada por Daniel Siegel de **neurobiologia interpessoal**, uma abordagem de dentro pra fora, é uma abordagem que segue princípios do entendimento interno e da conexão interpessoal.

Recentemente tive a honra de escrever um artigo sobre esta abordagem para a Canguru News[23], a pioneira em trazer o tema parentalidade para casas, escolas, clínicas de infância e adolescência, e comunidades brasileiras. No artigo salientei que considero este livro a Bíblia do Educador Parental, justamente por sinalizar, de forma interdisciplinar, pistas fundamentais sobre os caminhos para a construção de uma parentalidade consciente, com os princípios do entendimento interno dos pais e da conexão interpessoal destes com os filhos, a partir de 5 pilares:

• **Mindfulness**: presença plena como cerne de todos os relacionamentos acolhedores;

• **Aprendizagem ao longo da vida** – descobertas como neuroplasticidade, motivação e processos de aprendizagens, nos mostram que aprendemos o tempo inteiro, a todo momento, em todo lugar, por toda a vida.

• **Flexibilidade responsiva** – capacidade de avaliar os processos mentais (impulsos, ideias e sentimentos) e responder de maneira flexível e embasada, sendo o contrário de uma reação automática; agir com perspectiva.

---

[23] O artigo na íntegra pode ser encontrado em https://cangurunews.com.br/parentalidade-consciente-como-evitar-que-traumas-da-infancia-afetem-nossa--postura-como-pais/.

- **Mindsight** – a capacidade de perceber a própria mente e as mentes dos outros. É desafiador sim desenvolver esta capacidade, mas necessária. As nossas mentes criam representações de objetos e ideias, um símbolo neuralmente construído.

- **Alegria de viver** – um pilar importante que, muitas vezes, desconectamos do cotidiano da nossa vida parental. É a perspectiva de apreciação e compartilhamento para enriquecer o prazer da convivência, sendo respeitoso consigo e com os filhos.

Ao colocar como bases da abordagem da Parentalidade Consciente, o autoconhecimento e as relações interpessoais, Siegel nos convida a pensarmos num papel parental que ofereça aos filhos estrutura e conexão, contribuindo para desenvolvimento pessoal e relações mais saudáveis.

- **Disciplina Positiva (e Encorajamento)**

A Disciplina Positiva é uma abordagem muito conhecida no Brasil, assim como em mais de cinquenta países nos cinco continentes terrestres. Foi sistematizada por Jane Nelsen, baseada na filosofia e nos ensinamentos de Alfred Adler e Rudolf Dreikurs, o qual transformou a filosofia adleriana em um método para entender os comportamentos das crianças e buscar sua cooperação sem utilizar métodos punitivos, auxiliando ao adultos a desenvolverem **habilidades** para isto.

Como fundador da psicologia individual, Adler propõe conceitos básicos para compreensão sobre as crianças e sobre nós:

1. Crianças são seres sociais;

2. Comportamento é baseado em Objetivo;

3. O principal objetivo de uma criança é se sentir aceita e importante;

4. Uma criança malcomportada é uma criança desencorajada;

5. Responsabilidade Social ou sentimento de comunidade;

6. Igualdade;

7. Erros são maravilhosas oportunidades de aprendizagem;

8. Tenha certeza de que sua mensagem de amor é clara.

O desenvolvimento destes conceitos básicos pode ser encontrado no livro Disciplina Positiva, de Jane Nelsen, a qual ao apresentá-los nos alerta:

> *Os conceitos básicos ficam perdidos sem atitudes de encorajamento, compreensão e respeito. Se essas atitudes não são compreendidas, as técnicas se reduzem à manipulação desrespeitosa. Seremos mais eficazes com as crianças se sempre perguntarmos a nós mesmos: "Isso que estou fazendo é fortalecedor ou desencorajador?"*

Ao reler esta pergunta, que para mim deveria estar em letras garrafais e luminosas na frente dos olhos dos adultos, lembro-me de uma situação na qual aprendi muito e me marcou profundamente. Durante um processo de Coaching de adolescentes – *Teen Coaching*[24] – estava atendendo uma menina de 13 anos, a qual estava desorganizada nos estudos e tinha risco de reprovar, realizei o encontro de família, conforme o protocolo do método. Participaram do encontro a filha, a mãe, que só tinha essa filha, e o pai, que já tinha dois filhos adultos. Durante a sessão, a filha e a mãe começaram a discutir muito, o pai mantinha-se em silêncio. A mãe falou ao pai: *"E tu ficas aí, sem dizer nada, só passar a mão na cabeça dela"*. A filha disse: *"Ele me entende, tu só me critica!"* O pai continuou em silêncio e a mãe argumentou: *"Então minha filha faça como eu, veja a crítica como um trampolim e salte! Prove para mim, que tu és mais do que eu estou criticando!"* O pai, em silêncio estava, em silêncio ficou. A filha novamente falou, chorando: *"Acontece, mãe, que eu não sou como tu. Teu trampolim me faz cair numa piscina sem água. E tu não me aceita como eu sou. Meu pai me aceita, me ouve, e com ele eu tenho coragem para falar dos meus medos e fazer as coisas, contigo não!"* A mãe ficou em silêncio por uns longos instantes, todos ficamos, inclusive eu. Era o momento de silenciar. A mãe começou a chorar e olhou para os dois, e falou: *"Como eu não vi isso! Quero controlar tudo e todos. Podemos começar de novo?"* O processo seguiu. Fiz interações importantes

---

[24] Teen Coaching segundo o método desenvolvido por Márcia Belmiro, da ICIJ, em parceria com Horizontes Coaching.

com a orientadora educacional da escola da menina, com a psicóloga da menina e do casal, por sugestão e com a aprovação da família. Foram muitos aprendizados para todos nós, num processo que seguiu por 6 meses, até o mês que antecedeu a mudança da família para a Espanha. Esta família contribuiu muito para que eu pudesse ver o quanto era importante eu trabalhar no encorajamento dos pais para que tomassem a decisão de serem os encorajadores de sua filha. Seguiram-se sessões com o casal para este fim.

Um outro importante nome na Disciplina Positiva (DP) é Lynn Lott, a qual é citada pela própria Jane Nelsen, como corresponsável por ela ter continuado acreditando na abordagem quando enfrentou desafios pessoais com um de seus filhos, lhe fazendo ter vontade de retornar ao uso do controle e da punição. Lott é considerada uma das cofundadoras da Disciplina Positiva e autora de mais de 20 livros, a maioria deles sobre a abordagem da DP. Lynn Lott sistematiza didaticamente princípios, estratégias, recursos e ferramentas de como se tornar um encorajador para outras pessoas no livro *Autoconsciência, Aceitação e o princípio do Encorajamento*, no qual desenvolve sua tese de que todo o processo de autotransformação, passa por quatro passos de ação: desejo, conscientização, aceitação e escolhas ou decisões. Por esta estrutura ser a minha escolha pessoal de como organizar o trabalho com pais,seja individual ou em grupo, citarei mais sobre eles no capítulo 4 – no OESTE.

Lynn Lott, neste livro, faz uma síntese das contribuições de Adler e Dreikurs, usando a metáfora da *árvore da Disciplina Positiva*:

> *Vamos começar pelas raízes da árvore. Adler e Dreikurs ensinaram sobre empatia, aceitação e importância, comportamento guiado pelo objetivo, aprendizado social e emocional, e um modelo de crescimento baseado no respeito mútuo. Respeito mútuo refere-se a respeitar a si, os outros e as necessidades da situação. Tanto Adler quanto Dreikurs eram adeptos de ajudar o público em geral a aprender habilidades para o que eles chamam de 'existência democrática'.* (Lott, 2019).

Ao lermos esse trecho fica evidente que a Disciplina Positiva não se restringe a uma abordagem apenas ferramental, embora cumpra um papel fundamental neste sentido, ao apresentar estratégias e ferramentas para o desenvolvimento no adulto de habilidades de encorajamento, por entender que esta é a grande necessidade de uma criança, conforme Jane Nelsen apresenta ao reproduzir uma afirmação de Dreikurs:

> *Crianças precisam de encorajamento, assim como as plantas precisam de água. Elas não podem sobreviver sem isso. (Dreikurs in Nelsen, 2015).*

Encorajar é uma habilidade nada fácil, segundo as autoras, porque muitas vezes nossa tendência – comprovado pela neurociência – é de reagir. Nos programas de certificação oferecidos pela PDA[25], para se tornar um facilitador em DP, inclusive, são referidos os estudos de Daniel Siegel, em especial, a metáfora utilizada pelo autor do Cérebro na Palma da Mão, comprovando as interconexões entre diferentes teorias e diversas abordagens.

Você deve ter observado que no título deste tópico fiz questão de colocar entre parênteses a palavra encorajamento, pois ao estudarmos a Disciplina Positiva, compreendermos a teoria Adleriana, a sistematização desta teoria por Dreikurs, complementadas pela sistematização de Jane Nelsen e Lynn Lott, esta abordagem tem como propósito o encorajamento dos pais para desenvolverem novas habilidades para serem os encorajadores dos filhos para que estes desenvolvam habilidades de vida (4º critério abaixo), que hoje chamamos de habilidades socioemocionais (CASSEL).

---

[25] PDA – Positive Discipline Association. Associação da Disciplina Positiva https://pdabrasil.org.br/a-pda.

A Disciplina Positiva apoia sua abordagem em quatro critérios, que podem ser verificados ao fazermos as perguntas:

1. Respeitosa e encorajadora – É gentil e firme ao mesmo tempo?

2. Conexão – Ajuda as crianças a desenvolver um senso de aceitação e importância?

3. Punição funciona a curto prazo, mas apresenta resultados negativos a longo prazo – É efetiva a longo prazo?

4. Respeito, preocupação com os outros, resolução de problemas, responsabilidade, contribuição, cooperação – Ensina habilidades sociais e de vida valiosas para a formação do bom caráter?

A chegada da Disciplina Positiva no Brasil também trouxe consigo a ampliação do uso do termo Educação Parental. Como já mencionado anteriormente, já existiam programas de informação e desenvolvimento para pais e mães, mas com outra abordagem e a maioria vinculado às escolas de educação básica e com foco para pais dos alunos destas escolas.

Ao realizarmos uma viagem pela linha do tempo da Educação Parental no Brasil, com o propósito que se tem hoje, veremos que esta abordagem contribuiu e contribui significativamente para o crescimento dos estudos, do interesse e da adesão de muitas pessoas ao tema da parentalidade. A educadora parental e trainer pela PDA Bete Rodrigues, é uma das pioneiras em DP no cenário brasileiro:

Seu primeiro contato (...) foi em janeiro de 2008, quando esteve em Los Angeles (EUA), estudando essa e outras abordagens socioemocionais. "**Logo percebi que a Disciplina Positiva me seria útil não apenas como profissional da educação**".

(...) De lá para cá, ela se tornou trainer em Disciplina Positiva para pais, reconhecida pela Positive Discipline Association (da qual é membro).

(...) Bete também foi responsável pela cotradução para o português do livro Disciplina Positiva, de autoria de Jane Nelsen. (https://cangurunews.com.br/educacao-parental/).

Assim como Bete Rodrigues, Fernanda Lee é uma das *trainers* certificadas pela PDA, e desenvolve certificações em DP para pais, profissionais da saúde, professores, além do programa de encorajamento a ser desenvolvido por consultores em diversos espaços e relacionamentos: conjugal, institucional, corporativo. Duas profissionais com as quais tive o prazer de fazer formações.

Acreditando neste caminho de encorajamento encontramos também o brilhante trabalho de Aline Cestaroli, psicóloga, certificada em DP e Encorajamento, a qual capacita profissionais para o trabalho de encorajamento com pais e professores.

Um destaque importante nesta abordagem é que muitas pessoas buscavam, e ainda buscam, a certificação em DP, inicialmente para o que eu chamo de *consumo próprio*, ou seja, como uma resposta, uma solução para lhe auxiliar a lidar com os conflitos e desafios que estava enfrentando como pais e mães. Ao se engajarem na abordagem e acreditar nos seus princípios e orientações práticas, sentiram a necessidade de contagiar outras famílias, optando assim por assumi-las profissionalmente. Adorarei saber se este é o seu caso. Que tal dar uma paradinha na viagem da leitura e me enviar uma mensagem e contar sua história?

- **Parentalidade e Educação Positiva**

A abordagem da Parentalidade Positiva e Educação Positiva é uma abordagem que tem um de seus marcos mais conhecidos, o trabalho da educadora portuguesa Magda Gomes Dias, com o propósito de *formar profissionais e todos os interessados em Parentalidade e Educação Positivas para que possam usar os conhecimentos nas suas profissões e vidas pessoais.*

As formações desta abordagem visam criar a oportunidade *para que a questão da Parentalidade e Educação Positivas sejam trabalhadas de forma competente, séria e profissional*, e segundo consta em seus documentos de divulgação, estão respaldados pelas seguintes teorias e pontos de atenção: *Educação Positiva, Psicologia Positiva, Assertividade, Felicidade, ensinar felicidade, gratidão, generosidade, autoridade, valores, inteligência emocional, autoestima, conflitos, agressividade, baixa autoestima, vingança, desafio, provocação.*

Há educadores parentais brasileiros que fizeram suas viagens de formação em Educação Parental nesta abordagem sob a condução de Magda Dias, seja para iniciar seus voos ou ampliá-los. No Brasil temos, então, educadores parentais realizando seu trabalho com pais a partir desta abordagem, assim como escolas de certificação e formação inspirados por ela.

- **Coaching parental e familiar (pais, crianças e adolescentes)**

Como já vimos no capítulo Sul, o coaching é uma metodologia que utiliza um conjunto de técnicas e ferramentas que levam a pessoa a alcançar seu objetivo definido inicialmente, levando-a a assumir a responsabilidade por suas ações e resultados.

No segmento da parentalidade o coaching é utilizado como metodologia de condução do processo de educação parental. Também pode ser um princípio a ser aprendido pelos pais para desempenho de seu papel de condutor dos filhos no seu desenvolvimento desde o nascimento, em que é totalmente dependente até alcançar a vida adulta quando já está *maduro* para viver com autonomia relações de interdependência.

Os referenciais da abordagem coaching são variáveis conforme a linha da escola de formação, mas os mais conhecidos são: a Terapia Comportamental Cognitiva, a Psicologia Positiva e a Programação Neurolinguística (em alguns modelos de coaching). Os princípios do *coaching raiz*, como alguns profissionais denominam a metodologia quando descrita genericamente, também são considerados no coaching ao nicho familiar:

Objetivo SMART (specific, mensuradle, attainable, realistic, timely) – uma meta inteligente, específica, mensurável, atingível, realista e oportuna, para que se tenha um Norte de onde se quer chegar para poder definir com mais assertividade o plano de ação. Por exemplo, uma mãe de um menino de 11 anos, a qual quer aprender a se comunicar com o filho de maneira assertiva, deixando de gritar e de perder a paciência com frequência e intensidade. Quer já ter atitudes, ou seja, evidências desta mudança quando seu filho completar 12 anos.

Não julgar e não dizer o que deve ser feito – este princípio é um PILAR ESTRUTURANTE do coaching é um grande desafio. Quando não se tem clareza da abordagem e conhecimento de seus princípios, podem confundir e praticar, de fato, o aconselhamento, a orientação ou a terapia, que são metodologias legítimas, porém diferentes do coaching e com exigências de formação profissional próprias.

Por exemplo: como educadora escolar e educadora parental que adota a pedagogia da pergunta e usa o coaching como abordagem metodológica para atendimento, ao atender a mãe do menino de 11 anos citado acima, se eu disser a ela que não pode gritar, dar castigos porque isso é desrespeitoso, eu não estaria seguindo o princípio do coaching. Este princípio do não julgamento auxilia a não dar as respostas para o pai a partir da minha lógica, e sim auxiliar o pai ou a mãe a refletir sobre isso para então tomar suas decisões.

Ajudar a encontrar suas melhores respostas – complementa o princípio anterior, usando estratégias, ferramentas e recursos que leve o pai ou a mãe atendidos a pensar, refletir e agir para que possa desenvolver a habilidade de se comunicar assertivamente e ter mais conexão com o filho. Este posicionamento parte do pressuposto de que para a transformação do pai ou da mãe se tornar sustentável e legítima, eles precisam construir esta atitude internamente e não apenas executar algo que alguém lhe disse que é o certo.

Rompimento de crenças limitantes – reflexão sobre modelos mentais presentes na postura dos pais e oportunidades para pensar numa outra perspectiva.

Foco no futuro – planejar como quer sua relação com os filhos e, a partir disso, refletir nas condutas a serem transformadas para que o resultado seja diferente do que se tem hoje. Como o exemplo acima da mãe.

Gerar comprometimento e autorresponsabilidade – diferente de gerar culpa, contribuir para que os pais se conectem com seus pensamentos, sentimentos e, então, se comprometam em assumir como responsáveis pelas suas decisões.

Lorraine Thomas, coach parental britânica, é autora do livro Mamãe Coach, traduzido para o português por Iara Mastine. Lorraine Thomas, trabalha há algumas décadas com o coaching em atendimento a pais individualmente, em programas institucionais e em empresas.

No Brasil há muitos profissionais que são conhecedores e adeptos desta abordagem associada a outras. Também há profissionais que desenvolvem programas de formação em Coaching Familiar e Parental, como a psicóloga e coach Márcia Belmiro e a administradora de empresas, coach e educadora parental Jacqueline Vilela, duas profissionais exponenciais que também contribuíram com minha viagem de aprimoramento. Tenho a honra de ter recebido treinamento de Márcia Belmiro para ser coach de famílias e também treinadora de profissionais para trabalharem com o coaching familiar. Sem sombra de dúvidas, esta experiência me fez resgatar o desejo de voltar a trabalhar com a formação profissional, através da mentoria, em paralelo ao trabalho com famílias.

Se você ainda não teve contato direto com as bases da abordagem e metodologia coaching e está se perguntando se deve, então, fazer uma certificação em coaching, eu te diria que depende:

Sim, caso você queira se posicionar como coach. Neste caso, você pode escolher entre dois caminhos. O primeiro é das formações generalistas, nas quais, inicialmente, você vai aprender o *coaching raíz*, aprofundar nas referências teóricas, princípios, metodologia, estratégias, recursos e ferramentas, e depois definir com que público pretende atuar e fazer os ajustes e adaptações necessárias. O segundo caminho é o de buscar uma certificação já customizada para o público com quem você quer atuar, no nosso caso o público engloba pais, mães, casais parentais, cuidadores de crianças e adolescentes.

Não, caso você queira usar o coaching como habilidade em sua atuação, associada a metodologia da formação que você fez em Educação Parental. Muitas abordagens que vimos antes desta, adotam princípios do coaching e usam algumas de suas ferramentas, como por exemplo, as perguntas curiosas. Recentemente tive a oportunidade de participar de um workshop sobre telas e eletrônicos, com Jane Nelsen e Fernanda Lee. Jane Nelsen conduziu a atividade com os passos metodológicos também presentes no coaching.

Isso reforça o que nos era dito na primeira formação em coaching que fiz há 9 anos, em 2014, que naquele momento estávamos aprendendo um ofício, uma profissão mas que, num futuro não muito distante, se tornaria a *skill*, uma habilidade indispensável em todas as profissões e setores da vida, inclusive na parentalidade.

- **Comunicação Não Violenta – CNV**

Para apresentar esta abordagem, vou tomar a liberdade de usar, com a devida permissão, o material apresentado pela minha querida mentorada, colega e amiga, Marília Romano. Material que complementa a linda aula sobre o que ela tem aprendido a respeito da relação entre CNV e a Educação Parental, que ela gentilmente ofereceu para minhas turmas de mentoria.

De acordo com o Instituto CNV Brasil[26], *mais do que uma forma de se comunicar, a comunicação não violenta (CNV) é a **reconexão com a capacidade de empatizar** com o outro e consigo mesmo.* A CNV é uma filosofia (sistematizada pelo psicólogo americano Marshall Rosenberg, inspirado no método terapêutico de Carl Rogers.

> *A CNV, ou Comunicação Não Violenta, é um poderoso modelo de comunicação, mas vai muito além disso. É um modo de ser, de pensar e de viver. Seu propósito é inspirar conexões sinceras entre as pessoas de maneira que as necessidades de todos sejam atendidas por meio da doação compassiva. Ela nos inspira a nos doarmos de coração. E também nos ajuda a nos conectarmos à nossa divindade interior e ao que existe de mais vivo dentro de nós. (Marshall B. Rosenberg, 1999)*

---

[26] Instituto CNV BRASIL: https://www.institutocnvb.com.br.

Em seus estudos, Marshall identificou os três principais fatores que fazem algumas pessoas reagirem com violência e outras com compaixão: linguagem que fomos ensinados a usar; como fomos ensinados a pensar e a nos comunicar e as estratégias que aprendemos a usar para nos motivar e para influenciar os outros.

A abordagem da CNV, portanto, é um processo que integra o tipo de linguagem, o tipo de pensamento e as formas de comunicação que influenciam nossa capacidade de contribuir voluntariamente para o bem-estar dos outros e de nós mesmos. Alguns destaques da CNV:

• Mostra como expressar sem disfarçar quem somos e o que está vivo dentro de nós, ou seja, com honestidade emocional, sem haver julgamento de valor externo;

• Enfatiza que a motivação para agir é a compaixão – e não o medo, a culpa, a vergonha, a censura, a coerção ou a ameaça de punição.

A Educação Parental, para Marília Romano, *é um processo que envolve conexão consigo mesmo e com os filhos, tem como base o respeito mútuo, a validação de sentimentos, a comunicação respeitosa, com objetivo de desenvolver habilidades sociais e de vida e ajudar a desenvolver um senso de aceitação e importância.*

A Disciplina Positiva, por exemplo, tem como um de seus propósitos ajudar as crianças a desenvolver um lócus de controle interno, com o qual conseguem se autoperceber e se autorregular, sem depender de um controlador externo.

A exemplo destes propósitos é possível identificar a estreita relação entre CNV e as demais abordagens em Educação Parental. A estrutura de comunicação proposta pela CNV também está presente na prática de outras abordagens. Relembrando os quatro passos do processo de CNV:

1. Observação – o que observo que afeta o meu bem-estar: "*Quando vejo/ouço...*"

2. Sentimentos – como me sinto em relação ao que observo: "*Sinto...*"

3. Necessidades – o que preciso ou valorizo e que é a causa dos meus sentimentos: "*Porque necessito/valorizo...*"

4. Pedidos – as ações concretas que eu gostaria que fossem tomadas para enriquecer nossa vida: "*Você estaria disposto a...?*"

A CNV é uma abordagem que vai além deste processo de expressão das necessidades. Envolve muitos outros, como ouvir com empatia, que podem ser estudados, praticados em formação específica ou via seus referenciais bibliográficos, a partir da viagem solo de cada leitor, de acordo com suas necessidades e interesses.

- **Abordagens de Educação Escolar**

Embora não se trate de uma abordagem para a condução de processos de educação parental, propriamente dito, decidi mencionar brevemente algumas teorias, abordagens e experiências de educação escolar que preconizam o protagonismo infantil e dos estudantes, assim como se propõem a se constituir como comunidades educativas em parceria com famílias. Nesta perspectiva de comunidades educativas, famílias e escolas têm funções e responsabilidades diferentes em prol do mesmo objetivo que é o desenvolvimento integral e saudável de crianças e adolescentes.

São exemplos de abordagens, até recentemente mais conhecidas apenas na educação escolar, que hoje se integram aos estudos e experiências em educação parental. Perspectivas que nos convidam a olhar a educação e a vida com olhos de criança:

• Pedagogia de Celestian Freinet (1886 – 1966), educador francês com ênfase para as propostas ativas e cooperativas de aprendizagem. As reuniões de família e de classe são inspiradas na escola de Freinet.

• Metodologia de Maria Montessori (1870 – 1951), pediatra e pedagoga italiana contemporânea de Freinet, a qual propõe um conjunto inovador de teorias sobre o desenvolvimento infantil, práticas e materiais didáticos, conhecido e adotado no mundo inteiro até hoje. Destacam-se sua visão da criança nascer essencialmente boa e da importância da liberdade para se desenvolver. Para Montessori *as necessidades das crianças deveriam vir antes de todas as outras*. Por isso a abordagem do adulto, segundo ela, devem ser indiretas, sem excessivo estímulo, mas com oferta de recursos que favoreçam a escolha e ação da criança com independência. Os móveis baixos para uso das crianças, como estante de materiais ou cadeiras, são práticas herdadas da teoria montessoriana.

- Emmi Pikler (1902 – 1984), foi uma pediatra húngara, considerada uma das grandes educadoras do século XX, assim como os anteriores. Pikler, foi responsável em propor novas práticas em educação infantil com ênfase para o respeito ao desenvolvimento individual de cada criança, tendo implementado suas ideias, inicialmente no Instituto Lóczy, orfanato que administrava em Budapeste. Pikler não ficou somente na instituição, e também orientava os pais sobre a importância do brincar livre, fazendo isso em seu consultório pediátrico e nas casas das famílias de seus pacientes. Para Pikler, as possibilidades da ação motora livre ao bebê de zero a três anos impactaram futuramente na liberdade de pensamento. A orientação de falar com a criança, mesmo recém-nascida, explicando a ela o que está acontecendo quando tocar em seu corpo para higienizá-la, alimentá-la ou trocá-la de posição deitada, é uma orientação central da abordagem Pikler, assim como a seleção ponderada de recursos e estímulo indireto.

- Reggio Emilia Approach – abordagem Reggio Emilia, é uma filosofia educacional e pedagogia adotada por um sistema público municipal italiano e voltada para a educação infantil e educação primária. Nesta abordagem, o protagonismo infantil é o guia do currículo, cuja construção se dá a partir do reconhecimento dos interesses e necessidades de conhecimento das crianças, por meio da expressão das suas *Cem Linguagens*[27]. Na abordagem reggiana o espaço é planejado de maneira que seja um terceiro educador, isso significa estar à disposição das crianças para as suas explorações, construções e aprendizagens. Loris Malaguzzi foi um dos grandes líderes e pensadores dessa abordagem. A rede de educação de Reggio Emilia se organiza pelas escolas, associação de pais e **Centro de Estudo e Documentação Loris Malaguzzi**, no qual são realizadas pesquisas, conferências e treinamentos para educadores estrangeiros. Eu tenho muita gratidão pelas experiências e aprendizagens que os estágios na escolas e no Centro de Documentação me proporcionaram. Nelas descobri que se desejarmos e nos esforçarmos é possível aprender a olhar a vida *com olhos de criança*:

> *Olha o mundo com os olhos de criança, dar voz às crianças que normalmente se calam e denunciar em seu nome os erros que nós, os adultos, cometemos com elas. (Francesco Tonucci, 2020).*

---

[27] Poema de Loris Malaguzzi defendendo a concepção da criança como sujeito de direitos e com infinitas linguagens de expressão e percepção do mundo.

Encerrando esta rápida viagem pelas linhas de referência em Educação Parental, sejam elas campos do saber, profissões, abordagens ou iniciativas de capacitação profissional e práticas, preciso esclarecer que o que foi trazido aqui não se encerra em si e não se apresentam como mapas definitivos de viagem pela Educação Parental.

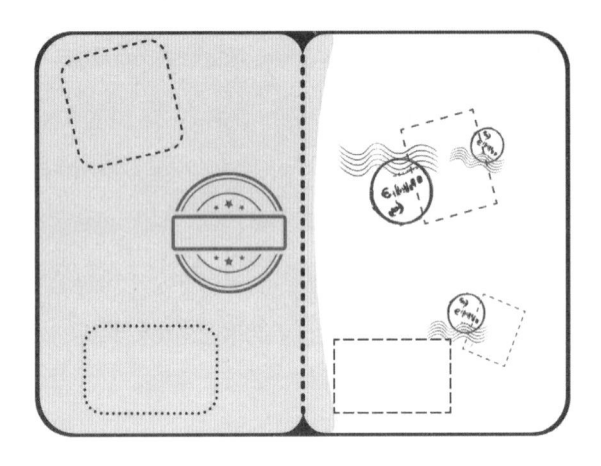

É chegada a hora de carimbar os *diferentes países* de formação e estudo por onde você viajou. No passaporte acima, registre suas certificações, os cursos, ou nome das escolas onde fez suas formações.

Você pode, inclusive, voltar ao texto, e circular as teorias que conhece e marcar as abordagens que estudou.

VIAJAR SOZINHA OU ACOMPANHADA?

SOBRE LIGAÇÕES ESTRATÉGICAS

> *Sozinhos conseguimos alcançar apenas o nível do estudo, mas para alcançarmos o nível da construção do conhecimento, é necessário que estejamos em grupo, em relação.*
> Madalena Freire

Nessa viagem pelo Leste, você já acessou as linhas de referência em relação às teorias e às abordagens para você viajar em sua profissão. Neste sentido, enfatizou-se a importância do olhar interdisciplinar para que não fiquemos vendo apenas uma parte do elefante acreditando que estamos vendo o todo, como no conto.

Entretanto, além de cada profissional desenvolver uma atuação interdisciplinar a partir das teorias, dos fatos e das práticas para a evolução da Educação Parental e o crescimento do Educador Parental, também exige-se um movimento multidisciplinar.

O que quero dizer com isto? Muitas vezes você precisará viajar sozinho e, ao mesmo tempo, em várias situações precisará fazer um movimento importante e necessário envolvendo a conexão com outras pessoas para manter a motivação:

- Conhecer novos caminhos a seguir e respeitar os caminhos complementares ou paralelos trilhados por outros profissionais;

- Expandir suas possibilidades de atuação com parcerias entre profissionais com competências complementares às suas;
- Iniciar e manter relacionamentos para alavancar seus resultados e seus conhecimentos;
- Sentir-se pertencente a um grupo que navega e cresce junto.

Vamos desenvolver esta ideia juntos? Se você tem colocado atenção em seu processo de autoconhecimento, é consciente que tem forças e também fragilidades. Também percebe que você não tem a obrigação de saber tudo e nem teria como saber tudo. Segundo Lynn Lott, em seu livro *Autoconsciência, Aceitação e o Princípio do Encorajamento,* quando tomamos consciência e aceitamos nossa realidade (interna e externa), nos habilitamos a tomar decisões: entre desenvolver habilidades necessárias e estabelecer conexão com pessoas que têm essas habilidades.

> *Quem tem um amigo, mesmo que um só, não importa onde se encontre, jamais sofrerá de solidão; poderá morrer de saudades, mas não estará só. Amyr Klink*

Algum leitor aqui, talvez leia esta citação do Klink e pense que é uma ideia meio romantizada, porém é importante trazermos aqui alguns lembretes que, como profissionais da parentalidade, já visitamos nos estudos que fizemos. Como seres humanos, somos seres sociais, nascemos "programados" para interagir, nos conectarmos, cooperarmos.

Maslow[28] apresentou em 1943 sua teoria da motivação humana, na qual classifica numa pirâmide hierárquica as seguintes necessidades: fisiológicas, segurança, afeto, estima, e as de autorrealização.

Então, vejamos alguns exemplos de movimentos multidisciplinares que visam o atendimento destas necessidades pessoais do profissionais da parentalidade e também favorecem o fortalecimento da Educação Parental, enquanto causa, propósito e negócio:

Eventos de formação – temos, por exemplo, o Congresso Internacional de Educação Parental, idealizado por Ivana Moreira e Jacqueline Vilela, e realizado durante a pandemia de COVID-19, em novembro de 2020. Em adequação ao contexto, a primeira edição se deu em modalidade online, com participação de centenas de pessoas, e presencial com 60 pessoas presentes, em adequação aos protocolos de vigilância sanitária devido à pandemia. O congresso já está em sua 4ª edição, com mais de 600 pessoas confirmadas presencialmente, tendo se tornado o evento referência para o encontro dos Educadores Parentais brasileiros e também estrangeiros. No Congresso, educadores parentais têm a possibilidade de

---

[28] Abraham Harold Maslow (1908 – 1970) foi um psicólogo americano, conhecido por propor a teoria da motivação, a partir da hierarquia de necessidades. Foi influenciado por Carl Gustav Jung e Alfred Adler, referências nos estudos sobre o desenvolvimento humano e educação de crianças.

se aprimorar, conhecer novos estudos e iniciativas, estabelecer relacionamentos variados de negócios, de aquisição de recursos, de parcerias... São três dias de palestras, painéis de profissionais e pais, com proposições, casos de sucesso provenientes de diferentes abordagens e tipos de experiência.

- **Comunidades Profissionais** – há muitos movimentos neste sentido, com os mais diversos propósitos, que podem ser de estudos, de trabalho, de produção de materiais, de mentoria. Estes movimentos contemplam a necessidade de pertencimento além de trazer muitos benefícios como por exemplo, ter com quem compartilhar, ter fonte permanente de atualização de estudos, eventos, materiais. Eu participo de várias comunidades, pois me motivam muito, assim como coordeno uma comunidade também. No ano de 2021, sentindo a necessidade de continuar acompanhando e dando assistência às minhas mentoradas, criei uma a Comunidade Legião Parental, a qual poderiam ingressar após fazer a mentoria. As mentoradas teriam, a princípio, o benefício de ter mentoria mensal e continuar acompanhando as próximas turmas de mentoria. Hoje nossa comunidade conta com 20 profissionais que, em conjunto, se fortaleceram, e ampliaram a ação da comunidade. Desenvolvemos, em colaboração, lives, eventos e produtos para as mães. Outro exemplo de comunidade é o Clube

Canguru – que carinhosamente chamamos de "a comunidade das comunidades", pois acolhe profissionais parentais de diversas escolas, abordagens, localidades e perfis, com o grande propósito de fazer crescer a Educação Parental no Brasil. Você provavelmente deve participar de algumas comunidades nas quais se encoraja e se motiva.

- **Parcerias e Collabs (atividades em colaboração)** – o termo Collab (em inglês) ficou muito badalado no mundo digital, e apresenta a ideia de trabalhar em colaboração. Uma das Collabs que eu fiz muitas vezes foram as lives, quando eu comecei a fazer *os cafezinhos com a Dani* no início da pandemia. Cafezinho com a Dani é um programa de lives no Instagram que faço com o propósito de compartilhar meus conhecimentos na área e contribuir com as famílias. Eu comecei a fazer sozinha, mas um dia uma colega me enviou uma mensagem dizendo que queria ter a minha coragem. Lembra do que vimos sobre o CHA? Para mim falar em público é uma habilidade que desenvolvi e estava aprendendo a me sentir à vontade, inclusive em vídeo. Como eu havia recebido incentivo de colegas para isso, em situações anteriores, decidi que também poderia contribuir com outras colegas. Estar presente nas redes sociais para mostrar nosso trabalho era uma necessidade em frente ao contexto da pandemia naquele momento, então eu passei a fazer as lives em collab, convidando colegas e outras profissionais, de acordo com o assunto de interesse das pessoas que me acompanhavam. Na temporada de 2020, realizei 65 lives diárias consecutivas com mais de vinte convidados. Destes, doze fizeram sua estreia nas lives e alguns deles me contavam somente depois que nunca tinha participado de uma live antes. Um caso bem especial para mim, é sobre a querida fisioterapeuta estética Fernanda, da qual eu sou cliente. Um dia eu pedi a ela para fazermos uma live sobre autocuidado para as mães. Ela disse que nunca havia feito isso, mas que se fosse importante para mim ela faria. Hoje, três anos depois, Fer mantém lives semanais e ainda coordena um podcast dedicado ao autocuidado feminino. Há muitos outros exemplos e possibilidades de collab, como páginas de Instagram em collab, elaboração e venda de e-books, workshops e programas para pais, livros em coautoria, e muitas outras possibilidades impulsionadoras. Outro exemplo de parceria foi de uma psicóloga, coach e professora de metodologia de coaching no curso de graduação de administração e de psicologia positiva que me procurou porque sua filha estava em acompanhamento psicoterápico, mas ela sentia que precisava de um auxílio para poder colocar em prática as orientações dadas pela psicóloga da filha. Contatei a profissional, estabelecemos algumas linhas e prioridades e fui trabalhando com a mãe. A partir deste caso, recebi outras indicações da mesma profissional.

Networking pontual (relacionamentos) com profissionais de outras áreas: quando iniciei meu trabalho abrindo a agenda para atendimentos individuais como educadora parental, planejei como iria "me mostrar" como possibilidade para auxiliar as famílias. Fiz uma listagem de profissionais com quem poderia fazer parcerias, preparei um material específico onde explicava meu trabalho, dando exemplos de situações, inclusive, em que eles poderiam me indicar. Percorri escolas, consultórios de pediatras, fisioterapeutas, nutricionistas, psicólogos infantis, neurologistas, fonoaudiologistas. Para ilustrar, vou apresentar duas indicações: a primeira foi a indicação da pediatra de meu filho, a qual encaminhou uma mãe que tinha os filhos gêmeos pequenos com problemas de saúde e que precisavam tomar remédios diariamente e fazer exames com frequência. Esta mãe estava em acompanhamento psicoterapêutico, e sempre dizia: *"eu já estou mais fortalecida, mas nas horas de dar remédios eu não consigo ser firme. Acaba que às vezes eu até deixo passar, mesmo sabendo que não pode, mas eu não sei como fazer este momento ser mais tranquilo."* Com esta mãe, fizemos um trabalho de prática de estratégias e ferramentas sempre focado nos objetivos dela e no propósito maior de fazer o que tinha que ser feito para a saúde dos filhos.

Após ler estes exemplos, te convido a fazer agora o seu exercício pessoal.

Pegue duas cores de caneta para fazer este exercício: azul e vermelha, por exemplo.

1. Na imagem abaixo, leia cada uma destas possibilidades. Espero que apareçam muitas ideias e experiências sobre mentoria, networking (relacionamentos), grupos de estudo, parcerias, collab, eventos.

2. Com a caneta azul, puxe novas setas de cada item e escreva ações bem-sucedidas que você já fez neste aspecto. Por exemplo: eu escreveria – mentoria – uso profissional do Instagram. Faça isso com todos os pontos.

3. Com a caneta vermelha, revisite cada item, foque no que você necessita no momento, se perguntando: "O que posso fazer que vai impactar positivamente o meu trabalho?" Por exemplo, eu escreveria em networking – fazer nova rodada de contatos com pediatras e médicos.

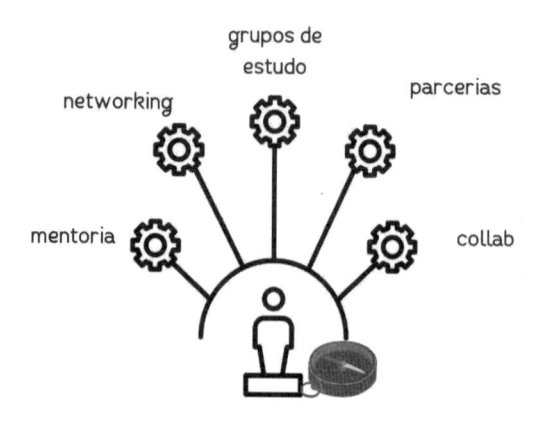

4. Reflita sobre as questões abaixo:

1) O que penso ao ver, na imagem acima, as minhas ações, aquilo que escrevi em azul?

2) O que sinto ao analisar minhas necessidades, aquilo que escrevi em vermelho?

3) Que ligações estratégicas tenho feito de parcerias e collab?

4) Quando estabeleço parcerias, tem havido o equilíbrio do ganha-ganha?

5) Para encerrar, quais são minhas decisões a partir deste exercício?

Você deve ter notado que nossa viagem ao Leste foi longa e intensa. Uma viagem necessária. Necessária porque neste capítulo tratamos da atividade-fim do nosso trabalho. Em administração diz-se que uma empresa ou um profissional tem dois tipos de atividades: atividade-fim e atividades-meio. Atividade-fim é aquela que é a razão central do trabalho, o objetivo, o produto e o serviço central. As atividades-meio são aquelas que apoiam, dão condições para atividade-fim acontecer.

Não sei se acontece com você, mas já me flagrei pulando trechos de leituras que pelo título não parecem fazer sentido para mim ou que eu inicialmente tinha um preconceito sobre o tema e não concordava. Nessa perspectiva, perco a oportunidade de ampliar meu *mindset* e ter um olhar mais abrangente e com profundidade de entendimento. Dito isto, antes de nos dirigirmos ao último destino – o OESTE – certifique-se que você esteve com presença plena na exploração do LESTE, pois seu trabalho envolverá esta **postura interdisciplinar** e uma abertura a um **movimento multidisciplinar** para você efetivar sua contribuição para a educação de crianças e adolescentes, por meio da atuação com os pais na educação parental.

Antes de encerrar este capítulo, compartilho uma história do folclore Hindu, que conheci lendo as obras de Daniel Siegel e que contribui para termos um olhar mais abrangente sobre nosso ofício.

OS CEGOS E O ELEFANTE

Numa cidade da Índia viviam sete sábios cegos. Como seus conselhos eram sempre excelentes, todas as pessoas que tinham problemas consultavam-nos. Embora fossem amigos, havia certa rivalidade entre eles, que, de vez em quando, discutiam sobre qual seria o mais sábio.

Certa noite, depois de muito conversarem acerca da verdade da vida e não chegarem a um acordo, o sétimo sábio ficou tão aborrecido que resolveu ir morar sozinho numa caverna da montanha. Disse aos companheiros:

Somos cegos para que possamos ouvir e compreender melhor do que as outras pessoas a verdade da vida. E, em vez de aconselhar os necessitados, vocês ficam aí brigando, como se quisessem ganhar uma competição. Não aguento mais! Vou-me embora.

No dia seguinte, chegou à cidade um comerciante montado num elefante imenso. Os cegos jamais haviam tocado nesse animal e correram para a rua ao encontro dele. O primeiro sábio apalpou a barriga do animal e declarou:

Trata-se de um ser gigantesco e muito forte! Posso tocar os seus músculos e eles não se movem; parecem paredes.

Que bobagem! – disse o segundo sábio, tocando na presa do elefante.

Este animal é pontudo como uma lança, uma arma de guerra. Ambos se enganam – retrucou o terceiro sábio, que apertava a tromba do elefante.

Este animal é idêntico a uma serpente! Mas não morde, porque não tem dentes na boca. É uma cobra mansa e macia. Vocês estão totalmente alucinados! – gritou o quinto sábio, que mexia as orelhas do elefante.

Este animal não se parece com nenhum outro. Seus movimentos são ondeantes, como se seu corpo fosse uma enorme cortina ambulante. Vejam só! Todos vocês, mas todos mesmos, estão completamente errados! – irritou-se o sexto sábio, tocando a pequena cauda do elefante – Este animal é como uma rocha com uma cordinha presa no corpo. Posso até me pendurar nele!

E assim ficaram horas debatendo, aos gritos, os seis sábios. Até que o sétimo sábio cego, o que agora habitava a montanha, apareceu conduzido por uma criança. Ouvindo a discussão, pediu ao menino que desenhasse no chão a figura do elefante. Quando tateou os contornos do desenho, percebeu que todos os sábios estavam certos e enganados ao mesmo tempo. Agradeceu ao menino e afirmou:

Assim os homens se comportam diante da verdade. Pegam apenas uma parte, pensam que é o todo, e continuam tolos!

https://www.esalq.usp.br/lepse/imgs/conteudo_thumb/mini/Os-Cegos-e-o-Elefante.pdf

Para encerrar este capítulo, que tal dar uma paradinha na leitura e registrar no seu **Diário de Bordo** o que destaca nesta viagem?

OESTE

**ORGANIZAÇÃO DIDÁTICO-METODOLÓGICA
DOS SERVIÇOS E ATENDIMENTOS**

*Pior que não terminar
uma viagem é nunca partir.*

Amyr Klink

ORGANIZAÇÃO DIDÁTICO-METODOLÓGICA DOS SERVIÇOS E ATENDIMENTOS

COMO ORGANIZAR E CONDUZIR A VIAGEM EM EDUCAÇÃO PARENTAL PROFISSIONAL?

> *"À educação cabe fornecer, de algum modo, os mapas de um mundo complexo e constantemente agitado e, ao mesmo tempo, a bússola que permite navegar através dele".* Jacques Delors

AVISO AOS NAVEGANTES!

Se chegou até aqui acredito que esta aventura está fazendo sentido para você ou porque está querendo ver até onde esta aventureira aqui pretende ir.

Navegação não é o jeito de viajar que mais atrai muitas pessoas, mas foi por meio das grandes navegações que o ocidente cresceu, fez muitas descobertas que resultaram na continuidade da evolução da humanidade, somada à sabedoria do mundo oriental. No ocidente também criou-se e difundiu-se modelos de instrução institucional e familiar.

Até, pelo menos, três décadas atrás, a visão que a sociedade em geral tinha ou preconizava era de uma educação tradicional, genericamente denominada. Uma educação escolar e familiar com bases na transmissão de conhecimentos, valores e condutas e pautada numa visão comportamentalista de ensino. Neste contexto, a obediência fazia parte das relações sociais e alguns sujeitos eram excluídos da condição de sujeitos educativos. Estado e Igreja eram as instituições que preconizavam os parâmetros de instrução e educação. Às famílias cabia ajustar seus membros às normas daquelas instituições. Respeitar crianças e adolescentes como sujeitos de direito é algo muito recente na linha do tempo da humanidade.

Felizmente têm acontecido muitas transformações, embora alguns de nós pensem que ainda é pouco, que ainda não é suficiente. Talvez sim! Talvez ainda tenhamos ilhas, oásis e pequenos arquipélagos de iniciativas isoladas. Porém devemos lembrar que mudanças sustentáveis e sólidas exigem um processo que nem sempre é rápido. Não vou me deter neste ponto, pois provavelmente você já se debruçou sobre isso em suas certificações. Entretanto, se tiver interesse sobre este processo, sugiro que faça uma viagem de leitura pelas obras *História Social da Criança e da Família*, de Philippe Ariés, e *História da Pedagogia*, de Franco Cambi.

Você já percebeu que eu adoro viajar, não é?

Minha viagem pelo trem da vida começou em 1971. Em 1976 desembarcarei pela primeira vez na estação escolar, na pré-escola. Em 1977, mudei de cidade e desembarquei em nova estação acadêmica – o 1º grau (hoje Ensino Fundamental). Meu bilhete de passagem para ingressar foi o teste de QI[29] de prontidão para a alfabetização. Lembro vagamente de estar sentada em uma cadeira à frente da mesa da diretora, preenchendo algumas fichas verdes pontilhadas e recortando alguns papéis. Estes testes me permitiram viajar no vagão da primeira classe da primeira série, ou seja, a turma 11.

Embora eu tivesse todos os motivos para ficar feliz, inclusive porque minha mãe havia *conseguido* que a diretora me matriculasse antes mesmo de completar sete anos e ainda assim fiquei com os que tiveram pontuação elevada nos testes, eu não fiquei nada satisfeita. Eu não fiquei na turma da Ana, minha vizinha, com quem eu brincava e que estava sendo muito importante para eu me ambientar na nova cidade. Aninha ficou em outro vagão, da turma 13. Eu pedi à minha mãe que pedisse para me trocar de turma para eu ficar com minha amiga e ela me disse que já havia pedido para a diretora da escola, mas que isso não era possível. A organização das turmas se dava pautada nos critérios de idade e resultados dos testes, e ainda dividida entre ingressantes

---

[29] QI – quoeficiente de inteligência.

e repetentes. Era impossível mudar, pois assim era a regra! Minha amiga Aninha ficou na turma 13, dos mais velhos e repetentes. Eu nem sabia o que isso significava.

Não tenho muitas lembranças das aulas, mas lembro de brincar com a Aninha no recreio, de merendarmos juntas, dela segurar os meus óculos para eu ir no balanço. Lembro de nós duas indo e vindo para a escola. Meus pais dizem que lembram como se fosse hoje porque aquela experiência fez eu empacar na fase dos PORQUÊs, já que eu não me conformava com aquela decisão. Segundo eles, a partir de então, desenvolvi esta característica questionadora.

E com este olhar questionador, motivada em entender o **porquê** e **como** as coisas se dão que, desde 1989, estou embarcando e desembarcando em diferentes estações dos trilhos da educação como profissional. Tenho estudado, praticado e investigado **o quê** se oferece educacionalmente, vislumbrando encontrar cada vez mais práticas com um **para quê** claro, ou seja, com propósito e intencionalidades respeitosas e éticas, no que tange a educação de crianças e adolescentes.

Esta longa viagem tem contribuído para que eu entenda que a educação se dá por diferentes caminhos, com viagens que proporcionam diferentes tipos de experiências, seja através da educação familiar, escolar ou social. Entretanto, esta diversidade é balizada pelos limites da ética e do direito a ser quem se é, como a Aninha deveria ter sido tratada, sendo vista como do jeitinho que é, sem rótulos e segregação, resultantes de um olhar para a falta dos pontos que não atingiu num teste.

Naquela época, não havia questionamentos, pois a vida era levada pelas balizas do certo e errado, do normal e do anormal, do "igual" e do "diferente". Hoje, ainda bem, aprendemos a questionar, são tantas perguntas e respostas que até ficamos "desbussolados". No nosso trabalho com os pais podemos ajudá-los na definição do que fazer e como fazer, a partir do por que fazer e para que fazer, que já vem com eles (mesmo que não tenham consciência) e aí também está uma das funções do Educador Parental.

É POSSÍVEL TER UM MAPA PARA ORGANIZAR OS ATENDIMENTOS EM EDUCAÇÃO PARENTAL?

Antes de responder, para começo de conversa, ou melhor, começo de viagem de exploração do mapa, veja o relato compartilhado numa comunidade pela Educadora Parental Melina, minha mentorada, sobre o retorno de uma cliente:

> *Foi a primeira sessão de uma mãe que veio por indicação da melhor amiga (que atendo). Ao final das*

sessões costumo fazer um "checkout" perguntando à pessoa como ela está saindo, o que pensa, sente e decide ao encerrar a sessão. A resposta dessa mãe foi muito encorajadora: e gostaria de compartilhar com vocês para encorajá-los também:

*"Como sempre li muito, você conseguiu juntar literatura com informações e exemplificou **o como fazer**. Não vi "novidade", mas **vi muita possibilidade de "aplicabilidade" que até então não sabia como".***

Melina encerra seu relato, questionando o grupo: *"Senti que essa mãe definiu nosso papel! O que acham?"* Além de concordar que esta fala define, aos olhos de uma mãe, que é nosso público-alvo, este relato também mostra a importância de termos um fio condutor.

Isso me faz lembrar quando Melina me procurou para fazer a mentoria, já estava com uma clientela consolidada, tinha um esquema próprio de trabalho, mas sentia necessidade de ter um planejamento mais consistente. Seus resultados eram positivos e os clientes pediam para fazer novos processos ou continuar com sessões de "manutenção" como ela brincava e, para isso, sentia-se limitada em seu repertório de situações de aprendizagens a propor. Assim, Melina conheceu uma maneira de organização e planejamento didático que lhe abriram mais possibilidades e autenticidade, culminando nesta riqueza de entrega dela e de retorno dos clientes.

ENTÃO, DEVEMOS TER UM MAPA?

QUATRO PILARES DA UNESCO PARA A EDUCAÇÃO

Sim! É possível e necessário, como o relato de Melina nos mostra. Acredito que já temos um mapa importante! Entre os anos de 1999 e 2001 realizei o Mestrado em Educação e dediquei profunda atenção às políticas públicas de educação e de educação especial, conhecendo *in loco*, e via estudo bibliográfico, muitas experiências inspiradoras, outras nem tanto. Conheci iniciativas que tinham como propósito oferecer respostas educativas que atendessem às necessidades de cada estudante, de família, de cada comunidade e de sua cultura, sem perder o olhar para o sentido global da educação, de contribuir para a evolução da humanidade.

Nesta ocasião, me debrucei na análise do Relatório Delors, como é conhecido o Relatório para UNESCO da Comissão Internacional sobre a Educação para o século XXI, que teve como presidente Jacques Delors[30]. O documento publicado com o título *Um tesouro a descobrir* (UNESCO – 1996), foi elaborado por mais de dez representantes de diferentes países, com o propósito de traçar orientadores de diretrizes para a educação mundial no século XXI:

---

[30] Jacques Delors – político, sociólogo e educador francês.

> *O conceito de educação ao longo da vida é a chave que abre as portas do século XXI; ele elimina a distinção tradicional entre educação formal inicial e educação permanente. Além disso,* **converge em direção a outro conceito, proposto com frequência: o da "sociedade educativa" na qual tudo pode ser uma oportunidade para aprender e desenvolver os talentos.** *Sob essa nova perspectiva, a educação permanente é concebida como algo que vai muito mais além do que já se pratica (...). Ela deve abrir as possibilidades da educação a todos, com vários objetivos: oferecer uma segunda ou terceira oportunidade; dar resposta à sede de conhecimento, de beleza ou de superação de si mesmo; ou, ainda, aprimorar e ampliar as formações estritamente associadas às exigências da vida profissional, incluindo as formações práticas. Em suma,* **a educação ao longo da vida, deve tirar proveito de todas as oportunidades oferecidas pela sociedade.** *(UNESCO, 1996)*

Uma das grandes contribuições do Relatório Delors é de apresentar um mapa para a educação mundial, com princípios, valores e pilares para a educação do século XXI. No documento, a comissão afirma que a educação deve adaptar-se constantemente às mudanças da sociedade, sem negligenciar as vivências, os saberes básicos e os resultados da experiência humana.

E para tanto, faz sua mais conhecida contribuição que é a de que a educação ao longo da vida, baseie-se em quatro pilares: Aprender a conhecer, aprender a fazer, aprender a conviver e aprender a ser. Posteriormente, quando da elaboração de recomendações para a educação e o desenvolvimento sustentável, propõe-se o quinto pilar: transformar-se para transformar. Este quinto pilar, inclusive, é proposto como um propósito central.

Os pilares propostos pela UNESCO são reconhecidos e tomados como parâmetros para muitos países, redes educacionais, desde a educação básica até o ensino superior, e instituições de formação profissional.

Estes pilares apresentam uma concepção de educação como um todo, não apenas como acesso ao conhecimento formal e, por conta disso, tenho-a como referência em meu trabalho e em meus estudos desde que a conheci. Por conta disso também, tenho como base o meu trabalho em Educação Parental, para que pais possam transformar-se para transformar a educação que oferecem aos filhos, tendo esta navegação conduzida por um comandante que terá um mapa com as bases da motivação, experimentação, autoconhecimento e relações empáticas.

Partir em navegação sem um mapa ou uma carta de navegação, uma bússola, pode gerar insegurança. Não compreender e agir sem um GUIA, pode nos levar a um destino que não foi planejado quando definimos o nosso NORTE. Entretanto, vale lembrar que todo o roteiro deve ser flexível, aberto ao inusitado e às correções de rumo.

CONHEÇA UM ROTEIRO JÁ PERCORRIDO!

Então, com base nos quatro pilares, vejamos como promover a experiência da viagem pela Educação Parental aos pais. Compartilho com você minha carta de navegação, meu jeito pessoal e autoral de organização e condução didática dos meus serviços e atendimentos em Educação Parental, com o uso desses quatro pilares em diferentes momentos e níveis de planejamento:

1. **Definição do projeto de trabalho a partir dos elementos estruturantes** – para definir o que pretendo oferecer começo com uma estratégia simples e objetiva, buscando responder às seguintes perguntas: O que (produto/serviço)?; Por quê (realidade, desafios, expertise do profissional)?; Para quê (objetivos)?; Como (conteúdos/temas, estratégias, dinâmicas, recursos)? Esta é a estrutura básica da qual parto para organizar cada um de meus projetos: workshops, programa de mentoria a pais, curso, e-book, livro, ...

2. **O percurso educacional a ser percorrido pelos pais** – independente do serviço ou produto que irei oferecer

aos pais, o percurso a ser percorrido por eles é organizado em quatro passos, propostos por Lynn Lott em seu programa de encorajamento, e que promovem as bases educacionais presentes nos pilares da UNESCO. Este percurso é a distribuição das minhas intenções para cada etapa do programa que pode ser de 4 encontros de workshop coletivo ou de 6 a 8 sessões do meu programa de atendimento individual. Vejamos:

Passo/etapa em que o pai passará para transformar-se e aprender novas habilidades	Ação educativa do Educador Parental com base em...
DESEJO	Motivação: o que motiva os pais a estarem num processo de educação parental e querer aprender a ser um pai ou mãe melhor ou diferente?
AUTOCONSCIÊNCIA	Experiência: que práticas os pais normalizam em sua parentalidade e que resultados têm trazido?
ACEITAÇÃO	Autoconhecimento e maturação cerebral (dos pais e mães): quais são suas forças e fragilidades, e o que é possível mudar, amadurecer em seu jeito de ser pai e mãe?
DECISÃO	Empatia e neurônios espelho: O que decidem fazer para terem relações saudáveis com os filhos e serem seus exemplos?

3. **As vias do saber** – usando, novamente, nossa metáfora da viagem, este é o momento em que o agente da viagem – o Educador Parental – escolhe a bolsa que os pais

e mães viajantes receberão para colocar as lembranças que forem adquirindo ao longo do caminho. O Educador Parental é o responsável por selecionar e planejar quais as estratégias didáticas que levarão os pais e as mães a visitarem as vias do conhecer, do fazer, do ser e do conviver para chegar a via do transformar-se. Para cada uma destas vias, teremos estratégias didáticas mais assertivas. Neste processo, o educador parental coloca em prática suas competências (CHA) para selecionar os conhecimentos que os pais e mães terão acesso: conceituais, procedimentais, atitudinais, relacionais. E de onde o Educador selecionará estes conhecimentos? Das abordagens que segue, fundamentalmente, das suas experiências anteriores, das orientações de seus professores e mentores, da sua investigação inicial a partir das necessidades e "queixas" dos pais.

4. **As aprendizagens a serem construídas pelos pais e pelas mães** – imaginemos aqui o momento em que os viajantes começam a adquirir as lembranças que foram coletando ao longo da viagem e que irão colocar na bolsa que os guia. Se a bolsa entregue for muito pequena ou se o tempo dedicado a cada loja tenha sido curto, talvez voltem para casa com pouquíssimas lembranças da viagem. Já se a bolsa for enorme ou se pararem numa infinidade de lugares, talvez fiquem confusos para saber o que é significativo para

eles ou, ainda, peguem tudo mas cheguem em casa sem ter lugar onde guardar as lembranças. Este é um aspecto importantíssimo da viagem que oferecemos aos pais e às mães para termos clareza do possível alcance do trabalho e quais aprendizagens intencionamos que eles tenham. Ao longo de meu trabalho, fui me conduzindo pelas seguintes questões:

Com este trabalho ou nesta atividade ou, ainda, na sessão de hoje o que espero que os pais...

Aprendam a conhecer?

Aprendam a fazer?

Aprendam a ser?

Aprendam a conviver?

A título de exemplo, relato aqui a experiência de quando estruturei o workshop sobre telas para pais e mães:

Em 2021, após ouvir muitas queixas de mães, sobre as telas, decidi desenvolver um workshop dedicado às famílias, a fim de que estas pudessem revisar seus combinados sobre isso e para que pudessem (re)estabelecer os combinados em busca do uso consciente de telas em casa. Essa era, inclusive, uma demanda pessoal minha, no auge da pandemia, tendo um filho adolescente com aula online e sem atividades de lazer fora de casa. Um breve resumo de como organizei cada nível do planejamento:

1. Oferta de workshop sobre telas de 2 horas para famílias com filhos de todas as idades com apresentação de informações de saúde, dinâmicas de reflexão e prática de como fazer combinados em casa.

2. Organização de perguntas específicas em relação ao tema telas em casa para que os pais se motivem a olhar e se responsabilizar por suas novas atitudes.

3. Vias do saber: seleção das orientações dos órgãos de saúde; combinados em quatro passos; desafios enfrentados x atitudes dos pais; estratégias de comunicação e conexão entre pais e filhos.

4. O que esperava que os pais aprendessem, por exemplo: aprender a conhecer os referenciais sobre uso de telas por idade; aprender a fazer combinados claros sobre horários, acessos, apps; aprender a ser um pai e uma mãe que se conecta com afeto e limites claros; aprender a conviver com colaboração, de maneira respeitosa expondo o que sente, permitindo que os filhos também expressem seus sentimentos e pontos de vista.

Alinhado ao propósito desta viagem não cabe pormenorizar todos os pontos acima. Porém, ao concluirmos nossa viagem pelo Oeste, onde *se põe o Sol*, você provavelmente ficará curioso e interessado em saber os detalhes de como fazer, como percorrer estes passos, como detalhar o planejamento e a condução dos atendimentos em si. Este detalhamento eu apresento na viagem de exploração dos pontos cardinais.

ROSA DOS VENTOS

NEGÓCIOS

SABER
conceitos princípios
MOTIVAÇÃO
aprender a saber

FAZER
ferramentas
EXPERIÊNCIA
aprender a fazer

ORGANIZAÇÃO

LIGAÇÕES

CONVIVER
dinâmicas e atitudes
EMPATIA
aprender a conviver

SER
vivências e reflexões
AUTOCONHECIMENTO
aprender a ser

SERVIÇOS E PRODUTOS

Ficou interessado em fazer esta expedição exploratória pela Roda dos Ventos completa?

No trecho final desta viagem – o desembarque – você saberá como seguir nestas viagens de exploração e como fazer outras viagens.

ÍTACA

Quando partires em viagem para Ítaca

faz votos para que seja longo o caminho,

pleno de aventuras, pleno de conhecimentos.

Os Lestrigões e os Ciclopes,

o feroz Poseidon, não os temas,

tais seres em teu caminho jamais encontrarás,

se teu pensamento é elevado, se rara

emoção aflora teu espírito e teu corpo.

Os Lestrigões e os Ciclopes,

o irascível Poseidon, não os encontrarás,

se não os levas em tua alma,

se tua alma não os ergue diante de ti.

Faz votos de que seja longo o caminho.

Que numerosas sejam as manhãs estivais,

nas quais, com que prazer, com que alegria,

entrarás em portos vistos pela primeira vez;

para em mercados fenícios

e adquire as belas mercadorias,

nácares e corais, âmbares e ébanos

e perfumes voluptuosos de toda espécie,

e a maior quantidade possível de voluptuosos perfumes;

vai a numerosas cidades egípcias,

aprende, aprende sem cessar dos instruídos.

Guarda sempre Ítaca em teu pensamento.

É teu destino aí chegar.

Mas não apresses absolutamente tua viagem.

É melhor que dure muitos anos

e que, já velho, ancores na ilha,

rico com tudo que ganhaste no caminho,

sem esperar que Ítaca te dê riqueza.

Ítaca deu-te a bela viagem.

Sem ela não te porias a caminho.

Nada mais tem a dar-te.

Embora a encontres pobre, Ítaca não te enganou.

Sábio assim como te tornaste, com tanta experiência,

já deves ter compreendido o que significam as Ítacas.

Konstantinos Kaváfis (1863-1933)

(Tradução: Isis Borges B. da Fonseca: Poemas de Konstantinos Kaváfis, São Paulo, Odysseus, 2006, p. 100-3)

CONCLUSÃO

**O DESEMBARQUE – DA PRIMEIRA
DE MUITAS EXPEDIÇÕES EXPLORATÓRIAS**

O DESEMBARQUE!

Estou muito feliz por você estar lendo este trecho. Isso significa que você aceitou abrir a Bússola Parental, fez a viagem completa, percorrendo os 4 pontos cardeais e dando a volta ao mundo da Educação Parental.

Espero, sinceramente, que a Bússola Parental tenha sido uma relevante contribuição com a sua jornada, e também com a jornada de cada família que pudermos impactar. Desejo que você leve para sua vida o quanto é importante ter clareza dos quatro aspectos fundamentais explorados nas viagens em cada uma dos quatro pontos cardeais:

- O equilíbrio entre o **negócio** e o **propósito**, abordados no **Norte**, para que a Educação Parental possa se consolidar como fonte de seu sustento e também como meio para viver sua missão de vida. A construção de sua trajetória de autoridade na área se dá a partir de uma jornada autoral, na qual seus conhecimentos, suas experiências e suas aprendizagens com os erros, acertos e correções de rumo são seus principais ativos. Esses ativos – os seus recursos pessoais, não apenas os materiais – lhe darão condições para agir de maneira única, construindo mais que autoridade, revelando sua autoralidade, com sua assinatura incomparável e intransferível.

- A diversidade dos sistemas familiares e das demandas permite que você diversifique os caminhos da sua atuação. Com certeza ainda encontraremos roteiros de viagens ainda inexplorados, ou pouco explorados, como atuação em empresas, instituições filantrópicas, atendimento a filhos de idosos que hoje, de certa maneira, assumem o papel parental de seus pais (ah, um tema que muito me instiga!), e tantos outros caminhos ainda sem rastros. Os **serviços** que você oferecer são os meios pelos quais você impactará as famílias na busca pelo despertar de uma educação mais respeitosa, como vimos no **Sul**. Antes de se cobrar fazer o que muitos fazem, pratique o olhar compassivo para sua bagagem. Lembre-se sempre de revisar sua bagagem, frequentemente, para que não fique usando roupas de verão para viajar para um destino que faz frio. Observe se você está usando sua bolsa de mão e tendo a necessária atitude de explorar toda a riqueza que tem em sua mala de conhecimento e a mochila de habilidades. Façamos um combinado – eu e você – não carimbe novamente seu passaporte enquanto não explorar pelo menos uma vez sua bagagem, tendo pelo menos uma foto de viagem para mostrar, ou seja, um retorno concreto, seja financeiro, aumento de seus seguidores, montagem de um e-book, realização de uma roda de conversas gratuitas entre pais no seu condomínio.

- O Educador Parental atua com o desenvolvimento de duas linhas de competência: a **competência central** de promover situações de aprendizagens para que pais desenvolvam parentais gerais; **competências e habilidades específicas e complementares**, a partir das escolhas que faz em relação às bases conceituais, público-alvo, propósito e demandas do mercado.

- Ter clareza das linhas de referência, teorias e abordagens que dão sustentação ao seu trabalho, no que tange ao embasamento científico, aos princípios e aos caminhos metodológicos, lhe proporcionará mais segurança para se posicionar a partir de um olhar **interdisciplinar**. Da mesma forma, agir **multidisciplinarmente**, ou seja, estabelecer relações com outros profissionais e instituições em prol do crescimento da Educação Parental como movimento único e coeso, sem desmerecer os jeitos individuais de caminhar, pois afinal *cada família tem seu cheiro, seu DNA, seu caminho!* **Cada Educador Parental terá uma viagem de transformação única a oferecer!**

- Ao falarmos de Educação Parental, o **planejamento** e **organização** dos serviços e produtos devem estar alinhados com o que a maioria das abordagens em geral preconizam: possibilitar o autoconhecimento, o desenvolvimento pessoal e a tomada de decisões, que se dão por meio do APRENDER A: conhecer, fazer e resolver, ser e conviver. E este Como fazer você conheceu no **Sul**, no qual fica evidente que os pilares propostos pela

UNESCO se apresentam como uma generosa e inovadora base de educação, contribuindo para que o profissional possa organizar didaticamente suas intenções educativas e suas estratégias: o quê?; como?; por quê?; para quê? Perguntas que afirmei que, na apresentação desta viagem, ao finalizar a exploração da Bússola Parental você estaria apto a responder.

Com estes pontos revisitados e reforçados aqui, podemos então desembarcar desta que, desejo que seja nossa primeira de muitas viagens que faremos juntos.

As próximas já estão agendadas!

Vamos continuar?

Estou te esperando!

Você tem dois roteiros possíveis para realizar:

Aguardar a próxima viagem, que será em breve e na qual abriremos uma segunda bússola – a Bússola Familiar, nela exploraremos os **pontos cardinais** para completarmos a **Rosa dos Ventos**.

A outra opção é por meio da mentoria comigo, onde lhe oriento a decifrar a **Carta de Navegação**. Eu posso ser sua guia de viagem de duas maneiras: participando de um grupo de mentoria; acompanhamento individualizado para fazer sua viagem personalizada.

Acesse os dados.

Será uma honra lhe conduzir para a escolha de seus caminhos.

Que bons ventos nos conduzam!

Com carinho, beijo no seu coração e até a próxima viagem...

Dani Hoppe

www.danielahoppe.com.br
www.bussolaparental.com.br

Gratidão é privilégio de quem vê
A vida com o coração
Pra quem sabe ver nas coisas
Mais simples, imensidão
Beleza rara no que é comum
Gratidão, transforma nossos dias cinzas
Em inspiração, esparge luzes coloridas
Nessa escuridão
De tantas invenções pra tentar ser feliz
Abra a porta e a janela do teu coração
E deixe essa luz bonita
Te tocar em forma de canção
Vida longa tudo que você agradecer
Nunca deixe de agradecer
Um dia comum
Gratidão, transforma chumbo em ouro
E nosso choro em canção
Nos faz olhar pra dor do outro
Com mais compaixão
Atrai coisas bonitas e nos livra da insatisfação

Rafael Gomes

AGRADECER....

QUEM CONTRIBUI COM MINHAS VIAGENS?

Uma das minhas grandes e mais desafiadoras viagens eu fiz aos 21 anos, em 1993, ao terminar o ensino médio (2º grau), quando minha mãe quase que literalmente me colocou num avião (pela primeira vez) e me ´despachou´ para um intercâmbio de 30 dias na Inglaterra. Vejam a situação da viajante: adolescente do interior do Rio Grande do Sul, que jamais havia viajado sozinha (e nem pretendia fazer isso!), que nunca havia viajado de avião e com pouco mais de 20 aulas de inglês colegial dos anos 80.

Essa viagem me faz ser grata a minha mãe a cada dia, há 30 anos, pois com esta experiência aprendi o que é coragem, indo com medo mesmo e iniciando um intenso processo de reconhecimento de minhas forças e fragilidades. Aprendi, sobretudo, que o desconhecido é incerto sim, mas não necessariamente perigoso. E são com estes ensinamentos que hoje me atrevi a abrir a Bússola Parental que construí para ofertar minha contribuição para a Educação Parental.

Desta forma, agradecendo à minha mãe, Gladis Maria de Moraes Geisel, por me mostrar através do exemplo a maior da virtudes - a coragem que é agir com o coração - quero manifestar minha GRATIDÃO a cada pessoa ou instituição com quem tenho encontrado nos caminhos da vida e que têm contribuído para que essa viagem vital seja extraordinária:

Nos caminhos familiares: Antônio, meu filho amado, ter sido escolhida para ser sua mãe e te conduzir pelos caminhos da vida aprendendo muito contigo é a melhor de todas as experiências. Obrigada pai, senhor José Garcia, por me mostrar que o desconhecido se transforma, logo, logo, em conhecido se acreditarmos em nós.

Aprendi com meus pais que a vida é uma viagem e que só levamos dela as experiências e o bem que fazemos. Mãe e Pai, Obrigada por me darem a vida e por serem exemplos de que mesmo que o casal conjugal se separe, a família pode continuar coesa tendo o casal parental unido para ser a referência das filhas. Gratidão, Jô e Kika, minhas irmãs Geovana e Christiana, por estarmos aprendendo juntas nessa jornada, pelas brigas de infância (na vida adulta também) pois nelas, sem impactar nosso amor recíproco, temos aprendido a respeitar o jeito de caminhar de cada uma.

E nessa viagem, ainda ganhei um grande presente - meu paidrasto Pedro Henrique Geisel - para quem sou a filha número dois e com quem aprendo a decifrar os mapas e roteiros da vida, com objetividade, ética, respeito e empatia. Obrigada paidrastinho por, de souvenir desta viagem ainda me brindar com as duas irmãs do coração, Ju e Le, e ainda com a viajada vodrasta Alba, companheira de carteado e minha primeira instrutora de viagens.

Nesta viagem, agradeço às minhas famílias de origem Hoppe, Moraes e Garcia, a todos que viajaram antes de mim e me mostraram como podemos ser uma família de verdade, sem ser igual a qualquer outra. Para representar a todos, cito minha amada tia-mãe Carmem Lúcia, a quem minha mãe confiou a tarefa de estar ao seu lado e ao meu desde o meu nascimento, a quem agradeço por me puxar para o prumo, quando fico com minha bússola interna desmagnetizada e não encontro meu Norte.

Não nascemos para viajar sozinhos pela vida e não viajamos somente com a família ´de sangue´. Com todo o meu carinho, agradeço ao Maurício Abreu, pai do meu filho, com quem compartilhei o mesmo vagão do trem da vida por mais de 30 anos, antes de decidirmos por destinos diferentes. Agradecer por ter me mostrado que tínhamos a missão de sermos pais do Antônio, por ter me acompanhado pelas viagens da vida, de turismo, de estudo, de empreendedorismo, de vida familiar, por ter me emprestado seu nome Abreu que muito me honrou e pelo me reconhecia por muito tempo.

Marilu – Lu – não há palavras para agradecer a sua importância em minha vida. Com você aprendo parentalidade consciente todos os dias há 14 anos. Talvez o melhor jeito seja ser grata a Deus por ter feito nossos caminhos se encontrarem, pois através de você me reconectei com ELE. Gratidão!

Nos encontros pelos caminhos da Educação Parental, minhas palavras de profundo agradecimento a: Ivana Moreira, por aceitar conhecer esta viajante doida aqui e por me encorajar a seguir pelo roteiro da escrita, acreditando na relevância de minha contribuição; Carmem Dutra ao me mostrar o caminho de resgate de minha essência educadora mentora e de como aliar propósito e negócio. Impossível destacar a todos, mas sintam-se representados por Ivana e Carmem e também por: Márcia Belmiro; Iara Mastine; Cris Rayes; Dani Rocha; Bete Rodrigues; Jane Nelsen; Fernanda Lee; Deisiliaine; Fernanda Tochetto; Daniela Seibel; Jacqueline Vilela; também aos grupos de amigas e comunidades, representadas por Araras; Legião Parental, Clube Canguru.

A inspiração para pensar a Educação a partir da diversidade de caminhos e, portanto, criar a Escola Caminhos, desenvolver os programas de Educação Parental Profissional Caminhos Familiares, oferecer a mentoria e o livro Bússola Parental e o material didático-metodológico Carta de Navegação, foi se construindo passo a passo e tiveram enorme contribuição de cada educador e compôs o mapa trilhado por mim em minha formação de educação básica e acadêmico-profissional.

Portanto, para representar essa legião de educadores que são referência e inspiração para mim, cito: minha alfabetizadora Dalila Burmann; professora Maria Bevilacqua; professora Vilmar Foletto; professoras Antonia Garcia Cavalheiro; Beatriz Borges e Marli Terezinha; meus professores e exemplos de formadores profissionais da FACED/UFRGS, a professora Ivanny de Souza Ávila; Maria Luíza Xavier; Tânia Fortuna; Tomaz Tadeu da Silva; Antonio Carlos Castrogiovanni; Claudio Baptista; Maria Beatriz Barbosa; e in memoriam Maria da Graça Horn e Hugo Meyer.

Cabe aqui a máxima de que se aprende a caminhar caminhando. Foi caminhando na prática profissional que aprendi a ser a educadora que sou e que aprendi a desenhar a educadora que não quero ser. Foi caminhando, tropeçando, acertando e errando que tenho aprendido a ser a professora, a colega, a coordenadora, a gestora, a pedagoga, a supervisora. E só consegui aprender para hoje poder compartilhar meus conhecimentos porque tive caminhantes mais experientes me orientando e instituições de portas abertas para mim. Meu agradecimento a todos estes, aqui representados por: Secretarias de Educação de Restinga Seca, Marina Pimentel, Westfália, Colinas, Arroio do Meio, Porto Alegre, Progresso, Roca Sales, Imigrante, Teutônia; Colégio Bom Conselho; Rede sinodal de educação; Colégio Evangélico Alberto Torres; Colégio Teutônia; UNIVATES; CESF; UFRGS; Faculdades Dom

Alberto; PIA Instituição; CID; Escola Despertar; à minhas inseparáveis colegas da Pedagogia e amigas de vida: Lúcia Fonseca, Simoni da Rosa, Luciana Carboni, Fernanda Oliveiro, Cássia Ávila, Denise Sopelsa e Uiadia Rocha. Aos educadores Zé Pacheco, Aldo Fortunati, Paula Baggio; A minha amada escola Centro Educacional Caminhos e cada um dos caminhante. Juliane Hauschild e Micheli Nos, a quem devo a concretização de muitos de meus projetos ´mirabolantes´. Às empresas BENOIT e CONLOG, em especial a Ticiane, pela iniciativa de levar a educação parental para seus colaboradores.

Meu agradecimento a cada uma das minhas dezenas de alunas e mentorandas pela contribuição de terem me mostrado que minha missão é sim dar as mãos aos profissionais e contribuir com sua jornada. Que cada mentoranda se sinta aqui lembrada através dos nomes a seguir que além de serem minhas mentorandas são, hoje, minhas colegas da comunidade profissional que criei, chamada Legião Parental: Angela, Bianca, Bruna, Carmem, Daiane, Daiany, Janes, Márcia, Karla, Lidyane, Maira, Marília, Melina, Priscila, Raquel, Sílvia e Simone.

E ao encerrar as últimas linhas desta viagem ousada pela bússola, agradeço à ao trabalho da equipe editorial, em especial ao Guilherme, que me apresentou os caminhos da edição literária e esclareceu pacientemente minhas perguntas de viajante iniciante neste roteiro.

Agradeço a você que está lendo este livro, mesmo que não tenha encontrado seu nome nas linhas anteriores, saiba que sou muito grata por você fazer parte da minha vida, seja por ser leitor deste texto, colega, familiar, amigo.

Por favor, leia a frase abaixo em voz alta e na lacuna pontilhada diga o seu nome:

Agradeço a você, ...que faz parte desta viagem, de alguma maneira, e está no meu coração!

Um beijo no seu coração!

Dani

Você não sabe o quanto eu caminhei
pra chegar até aqui
Percorri milhas e milhas antes de dormir
Eu nem cochilei
Os mais belos montes escalei
Nas noites escuras de frio chorei,
A vida ensina e o tempo traz o tom
Pra nascer uma canção
Com a fé do dia a dia encontro a solução
Encontro a solução
(...)
Meu caminho só meu pai pode mudar
Meu caminho só meu pai
Meu caminho só meu pai

A Estrada – Cidade Negra

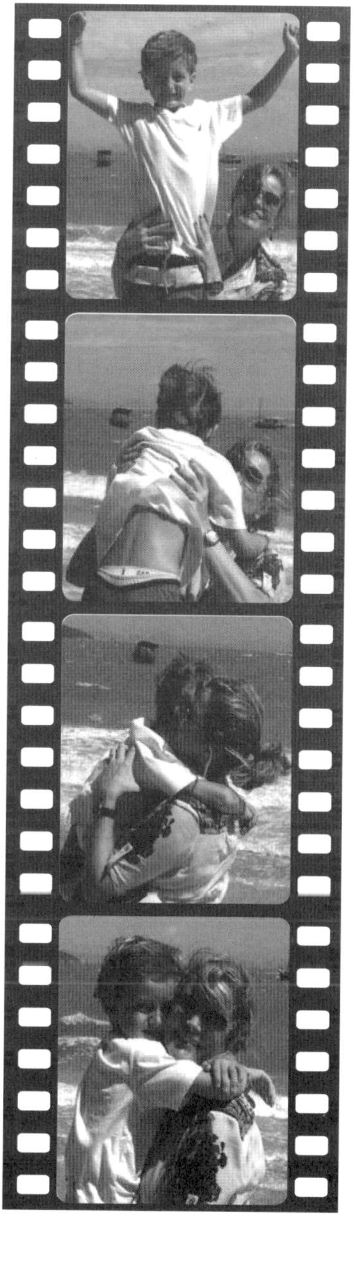

POR ONDE VIAJEI PARA CONSTRUIR O ROTEIRO DE EXPLORAÇÃO DA BÚSSOLA PARENTAL?

REFERÊNCIAS BIBLIOGRÁFICAS

ABREU, Daniela de Abreu; VILLAR, Lorena. **Aprendizagens que possibilitam outras**. *In*: MOREIRA, Ivana (coord.). Habilidades socioemocionais: Por que essas competências precisam ser desenvolvidas na primeira infância. São Paulo/SP: Literare Books, 2021.

ABREU, Daniela de Abreu; VILLAR, Lorena. **O poder da autotransformação para transformar a sala de aula**. *In*: ROCHA, Daniela (coord.) Professores Extraordinários: como cuidar da saúde mental e emocional dos docentes. São Paulo/SP: Literare Books, 2021.

ADLER, Alfred. **Social Interest: A Challenge to Mankind**. 1933.

ADLER, Alfred. **What life could mean to You**. London: One World, 1992.

ARIES, Philipe. **História Social da Criança e da Família**. Rio de Janeiro/RJ: LTC, 2006.

ALVES, Rubem. **Se eu pudesse viver minha vida novamente...** Campinas, SP: Versos Editora, 2004.

BACHELARD, G. **A formação do espírito científico: contribuição para uma psicanálise do conhecimento**. Rio de Janeiro: Contraponto, 1996.

_____. **A epistemologia**. Rio de Janeiro: Edições 70, 2001.

BENDER, Willian N. **Aprendizagem Baseada em Projetos: Educação diferenciada para o século XXI**. Porto Alegre: Penso, 2012.

BOWBY, John. **Apego e Perda: Apego – A Natureza do Vínculo (Volume 1)**. São Paulo: Martins Flores Editora, 2002.

BROWN, Brené. **A coragem de ser imperfeito: como aceitar a própria vulnerabilidade, vencer a vergonha e ousar ser quem você é**. Rio de Janeiro: Sextante, 2016.

CARDOSO, Bruno Luiz A; PALM, Kelly (org). **Terapia Comportamental Cognitiva: casais e famílias**. Novo Hamburgo: Sinopsys, 2020.

CASTORINA, José A.; CARRETERO, Mario. **Desenvolvimento Cognitivo e Educação: Os inícios do conhecimento**. Porto Alegre: Penso, 2014.

COSENZA, Ramon M; GUERRA, Leonor B. **Neurociência e educação: como o cérebro aprende**. Porto Alegre: Artmed, 2011.

DE AQUINO, Carlos Tasso Eira. **Como Aprender: andragogia e as habilidades de aprendizagem**. São Paulo: Pearson, 2007.

DELORS, Jacques. **Educação: um tesouro a descobrir**. São Paulo: Cortez, 2001.

DWECK, Carol S. **Mindset: a nova psicologia do sucesso**. São Paulo: Objetiva, 2017.

EDWARDS, Carolyn; GANDINI, Lella. **As Cem Linguagens da Criança: A Abordagem de Reggio Emilia na Educação da Primeira Infância**. Porto Alegre: Artmed, 1999.

EYEL, Nir. **(In)distraível: como dominar sua atenção e assumir o controle da sua vida!** Cascável/PR: AlfaCon, 2019.

FERNANDEZ, Alicia. **O saber em Jogo**. Porto Alegre, Artmed, 2001.

FORTUNATI, Aldo. **A educação Infantil como projeto da comunidade**.Porto Alegre: Artmed, 2009.

GAMBI, Franco. **História da Pedagogia**. São Paulo: Editora UNESP, 1999.

GAWDAT, Mo. **A fórmula da Felicidade**. Rio de Janeiro: LeYa, 2017.

GOLEMAN, Daniel. **Inteligência emocional**. Rio de Janeiro: Objetiva, 2011.

KABAT-ZINN, Myla; KABAT-ZINN, Jon. **Nossos filhos, nossos mestres**. Rio de Janeiro/RJ: Objetiva, 1998.

LIBÂNEO, José C. **Didática**. São Paulo: Cortez Editora (23ª. Edição), 2005.

LOTT, Lynn. M, Barbara. **Autoconsciência, aceitação e o princípio do encorajamento: pensar, sentir e agir como uma nova pessoa em apenas 8 semanas**. Barueri/SP: Manole, 2019.

MARSHALL, B. Rosenberg. Comunicação não violenta. São Paulo: Ágora, 2006.

MASTINE, Iara (coord). **Coaching para pais: estratégias e ferramentas para promover a harmonia familiar**. São Paulo: Literare Books,2017.

MONTESSORI. Maria. Mente Absorvente. Itália: 1949.

MONTESSORI. Maria. **Para educar o potencial humano**. Itália: 1946

MOREIRA, Ivana. **PRIMEIRA INFÂNCIA: dicas de especialistas para esta etapa que é a base de tudo**. São Paulo/SP: Literare Books, 2020.

MORIN, Edgar. **Os sete saberes necessários à educação do futuro**. São Paulo: Cortez, 2001.

MUNHOZ, Antonio Siemsen. **Como ser um aluno eficaz**. Curitiba: Intersaberes, 2014.

NELSEN. Jane. **Disciplina Positiva** (tradução: Bernardete P. Rodrigues e Fernanda Lee). Barueri/SP: Manole, 2015.

NELSEN. Jane; LOTT, Lynn; G, H.S. **Disciplina Positiva de A a Z** (tradução: Bernardete P. Rodrigues e Ruimara Teixeira). Barueri/SP: Manole, 2020.

ÖVEN. Mikaela. **Educar com Mindfulness: Guia de parentalidade consciente para pais e educadores**. Portugal: 2015.

PERREUNOUD. **10 novas competências para ensinar: um convite à viagem**. Porto Alegre: Artmed, 1999.

RAYES. Cristiane (coord.). **Orientação familiar: teoria e prática**. São Paulo/SP: Literare Books, 2022.

Ribeiro, M. (2003). **Ser família: Construção, implementação e avaliação de um programa de educação parental**. Dissertação de Mestrado, Universidade do Minho, Braga.

RODRIGUES. Bernardete P. **As competências do Educador Parental**. 1º Congresso de Educação Parental. São Paulo: 2020.

ROMANO, Marília. **CNV e Educação Parental**. Aula complementar in ABREU, Daniela. Mentoria Didática. HOTMART, 2021. Vídeo. Material não publicado.

SEBARROJA, Jaume C. (org.). **Pedagogias do século XX**. Porto Alegre: Artmed, 2003.

SIEGEL, Daniel J. HARTZELL, Maru. **PARENTALIDADE CONSCIENTE: como o autoconhecimento nos ajuda a criar nossos filhos**. São Paulo: nVersos, 2020.

SIEGEL, Daniel. **O cérebro da Criança: estratégias revolucionárias para nutrir a mente em desenvolvimento do seu filho e ajudar sua família a prosperar**. São Paulo: nVersos, 2015.

TIBA, Içami. **Educação familiar: Presente e Futuro**. São Paulo: Integrante Editora, 2014

THOMAS, Loraine. **A mamãe coach**. São Paulo: Literare, 2017.

VILLAS-BOAS, Sónia Ferreira. **Dissertação de Mestrado. Avaliação da Eficácia de um Programa de Promoção de Práticas Educativas Parentais implementado na Clínica Pedagógica de Psicologia da Universidade Fernando Pessoa**. Porto, 2015.

VILELA. Jacqueline. **Meu filho cresceu e agora? Um manual para lidar com a adolescência**. São Paulo: Literare Books, 2019.

SITES

Entrevista com Nadia Laguárdia

https://www.ufmg.br/boletim/bol1772/6.shtml

CBO - classificação brasileira de ocupação

https://empregabrasil.mte.gov.br/76/cbo/#:~:text=A%20Classifica%C3%A7%C3%A3o%20Brasileira%20de%20Ocupa%C3%A7%C3%B5es,397%2C%20de%2010.10.2002.

Entrevista com Madalena Freire:

https://prosaber.org.br/comunidade/?p=4320

https://blogproinfanciabahia.files.wordpress.com/2013/03/educando-o-olhar-madalena-freire.pdf

CNPQ: tabela das áreas do conhecimento

http://lattes.cnpq.br/documents/11871/24930/TabeladeAreasdoConhecimento.pdf/d192ff6b-3e0a-4074-a74d-c280521bd5f7

https://lattes.cnpq.br/web/dgp/arvore-do-conhecimento

Tradução poema Itaca (Tradução: Isis Borges B. da Fonseca: Poemas de Konstantinos Kaváfis, São Paulo, Odysseus, 2006, p. 100-3)

https://itaca.uff.br/poema-itaca/ acessado em 23/09/2023

Pesquisa sobre PSICOLOGIA É DA ÁREA DA SAÚDE OU DAS HUMANAS

https://blog.fps.edu.br/psicologia-e-de-humanas-ou-saude

ABREU, Daniela HOPPE. Parentalidade Consciente: como evitar que traumas da infância afetem nossa postura como pais?

http://cangurunews.com.br/parentalidade-consciente-como-evitar-que-traumas-da-infancia-afetem-nossa-postura-como-pais/

Regulamentação da profissão

https://www12.senado.leg.br/noticias

Sobre Parentalidade Consciente

Iara Mastine

https://iaramastine.com.br/parentalidade-consciente/

Mikaela Oven

https://blog.academiadeparentalidade.com/

Sobre Parentalidade e Educação Positivas:

Magda Gomes Dias

https://parentalidadepositiva.com/

Escola da Educação Positiva

https://escoladaeducacaopositiva.com.br/

Canguru News

https://cangurunews.com.br/educacao-parental/

Este livro foi composto em Crimson e Neulis.
Impresso em Cartão Supremo 250 g/m² e Luxcream 80 g/m²
na gráfica Trust Print.